ビギナーのための会計学

山下壽文・日野修造・髙木正史 [著]

創 成 社

はじめに

　本書は，大学の会計学入門のためのテキストで，半期2単位15回の講義を想定して編集しました。ただ，大学生に限らず会計学を学習したいという読者も対象としています。

　本書の利用者は，まず各レッスンの学習（講義）の前に各レッスンの内容を一通り読んで（予習して）プレ演習問題を解いてください。その後再読し（講義を受け），演習問題を解いて学習（講義）の内容が理解できたかどうかを確認します。

　本書は，会計学のうち外部報告会計である財務会計，とくに貸借対照表，損益計算書およびキャッシュ・フロー計算書を取り上げ，それらの内容だけでなく，それらを用いた経営分析にまで及んでいます。これにより，財務会計の基礎が理解できるようになるでしょう。

　さらに，国際会計基準をめぐるわが国の対応，公正価値による評価，とくに割引現在価値による測定，連結会計，非営利組織会計およびライブドアやオリンパスの不正経理など現在会計学で話題になっている事柄にも配慮しています。また，演習問題により具体的な状況の把握や計算を行い，理解を深めることができます。損益分岐点分析における変動費と固定費の関係については，具体的事例を図表によりわかりやすく説明しています。

　本書は，類書にない工夫を随所に施し，大学生やその他の読者の会計学の理解を深めるよう努めています。講義でテキストとして採用される場合には，提出課題も2回分付しています。ぜひ本書を活用して会計学の基礎知識を身に付けてください。

　最後に，本書の出版に関しては，創成社の塚田尚寛社長および西田徹氏にお世話になりました。記して感謝の意をあらわします。

平成26年2月末日

著者一同

目　次

はじめに
主たる略語一覧表

プレレッスン	会計の学び方・考え方	1
レッスン❶	会計とは何か	9
レッスン❷	国際会計基準（IFRS）をめぐって〜コンバージェンスとアドプション〜	19
レッスン❸	わが国における制度会計のあらまし	31
レッスン❹	わが国の会計基準（原則）のしくみ	41
レッスン❺	貸借対照表のしくみ（1）〜基本構造〜	51
レッスン❻	貸借対照表のしくみ（2）〜流動資産〜	59
レッスン❼	貸借対照表のしくみ（3）〜固定資産と繰延資産〜	69
レッスン❽	貸借対照表のしくみ（4）〜負債と純資産〜	81
レッスン❾	損益計算書のしくみ	91
レッスン❿	キャッシュ・フロー計算書のしくみ	103
レッスン⓫	連結会計のしくみ	113
レッスン⓬	公正価値〜貨幣は価値を生む〜	127
レッスン⓭	損益分岐点分析〜変動費と固定費〜	137
レッスン⓮	非営利組織会計のしくみ	147
レッスン⓯	粉飾決算〜利益操作はどのようになされるか〜	159

注　　　　　　169
演習問題解答　171
巻末資料　　　181
参考文献　　　187
提出課題　　　189
索　　引　　　193

主たる略語一覧表

【英　語】

FASB	Financial Accounting Standards	財務会計基準審議会
IAS	International Accounting Standards	国際会計基準
IASB	International Accounting Standards Board	国際会計基準審議会
IASC	International Accounting Standards Committee	国際会計基準委員会
IFRS	International Financial Reporting Standards	国際財務報告基準
IOSCO	International Organization of Securities Commission	証券監督者国際機構
SEC	Securities and Exchange Commission	証券取引委員会
SFAS	Statement of Financial Accounting Standards	財務会計基準書
US-GAAP	US-Generally Accepted Accounting Principles	米国の一般に認められた会計原則

【日本語】

「中小会計指針」	「中小企業の会計に関する指針」
「中小会計要領」	「中小企業の会計に関する基本要領」
「役員賞与会計基準」	企業会計基準第4号「役員賞与に関する会計基準」
「資産除去債務会計基準」	企業会計基準第18号「資産除去債務に関する会計基準」
「退職給付会計基準」	企業会計基準第26号「退職給付に関する会計基準」

プレレッスン

会計の学び方・考え方

会計を学ぶ意味—会計はなぜ重要なのか？

　日本では，1980年代の末頃から会計の重要性が一気に高まってきました。この時代はバブル経済が崩壊し，日本の景気が急速に下降を始めた時期でもあります。さらには2000年代に入ると，サブプライム・ローン問題やリーマンショックの発生など，日本だけでなく世界各国の経済が低迷するようになります。それにともない，企業の業績不振による倒産や企業の粉飾決算（利益を恣意的に過大・過小表示すること）などに関するニュースがメディアでクローズアップされるようになりました。ではそもそもこのような企業を取り巻く問題はなぜ生じたのでしょうか？　それらは，企業が将来を見据えた投資をしてこなかった，あるいは楽観的な観測で将来の見通しを誤った，これらの見通しの甘さにより悪化した経営を良くみせようと企業の損失などを隠蔽しようとした，ということにあると思われます。

　では，どのようにして企業経営の良し悪しを判断することができるのでしょうか？　実はこの判断は会計の技術によって行われているのです。

　企業が製品やサービスを生み出すためには，土地や建物，工場といった生産設備などが不可欠です。いかに売れるモノが企業から生み出されるとしても，これらの生産設備に対する投資額が過大であれば，投資額を上回る利益を得ることができなくなってしまいます。さらに，企業の活動は単に製品やサービスの販売・提供だけにあるわけではありません。製品やサービスを生み出すためには，従業員に対する賃金も必要ですし，生み出された製品やサービスを販売・提供するための販売促進に関するコストや，さらには新製品などの開発コストもかかりま

す。つまり，多くの活動の結果として，製品やサービスが生み出されているわけです。企業の経営状態をみる場合，このような企業全体の活動を考慮する必要があるわけですが，会計は企業のあらゆる活動を貨幣額による数値的データであらわすことができるのです。

さて，製品やサービスはそれが優れたものであれば，積極的に開発することができるのでしょうか？　答えは"No"です。市場でそれらが確実に販売・提供され，利益が見込まれる場合にのみ開発できるのです。つまり，コストはかければ良いというわけでなく，かかったコストを上回るだけのリターンを得ることが必要になります。このことは会計的な考え方をしなければ理解できません。

さらに，利益，すなわち営利を追求する企業（営利企業）だけでなく営利を追求しない組織（非営利企業・非営利組織）にも会計は重要なものです。例えば学校や病院などは営利を追求するものではありませんが，これらが多額の負債を抱え資金がなくなれば，教育・医療サービスをわれわれに提供することは不可能となります。また，政府や官公庁でも会計の知識が不可欠になってきています。会計によって税金の利用状況を適切に把握することは非常に重要です。実際，営利とは無縁に思える組織の経営難も少なくないのです。つまり，どの組織にとっても営利・非営利を問わず，会計が非常に重要なものになっているわけです。

会計を学ぶ意味—会計の役割

会計の役割の1つに，「企業などが資金の提供者に対して，どのような経営を行ったかを説明する責任を果たす」ということがあります。このことをアカウンタビリティ（会計責任）と呼びます。営利企業が活動できるのは，資金が資金提供者から提供されるからです。この資金提供者には，株主や，銀行などの債権者がいます。営利企業はこのような資金提供者から資金の提供を受け，事業を行いますが，資金提供者から預かった資金の運用結果を資金提供者に報告する必要があるのです。このような報告は，営利を追求しない非営利企業・非営利組織や国・地方公共団体にも当然適用されます。例えば政府は国民から税金を徴収し，それをもとにして公共事業の実施や社会保障の整備などの活動ができるわけですし，地方自治体も同様です。よって，政府も地方自治体も税金の使い道を国民に報告する義務があるわけです。

企業の利益操作などにより，そもそも利益が生じていないにもかかわらず，あ

たかも利益が出たかのように見せかける，あるいは利益が生じているのにもかかわらず，あたかも利益が出ていないかのように見せかける粉飾決算は，間違った会計の使い方を企業が行った典型例です。

会計を学ぶ意味—誰が会計を学ぶべきなのか？

　会計は誰が学習するべきなのでしょうか？　結論からいえば，すべての人が学ぶべきなのです。その理由は，すべての人が，金銭と関係のある活動を行っているからにほかなりません。経理や財務関係の仕事に従事する人のみが会計を学ぶ必要があるという印象を持つ方が多いかもしれませんが，それは誤りです。例えば営業職の人も会計を学ぶ必要があります。その理由は，取引先の経営状態も十分に理解せずに，取引先と取引ができるわけがないからです。例えば，取引先に自社の製品を販売する場合，販売代金を回収できないような経営状態にある取引先に製品の販売はできないでしょう。また，経営者も会計を学ぶ必要があります。経営者は最も自社の経理の状態に明るくなくてはなりません。経営者が自社の経営状態を知らずに経営ができるのでしょうか？　はなはだ疑問です。また，株式投資をしようと考えている投資家にとっても，その企業の株式を購入するか，購入を諦めるか，また，金銭を融資しようとする銀行などの債権者にとっても，その企業に金銭を貸し付けるか，貸し付けを止めるかを会計で導き出されたデータに基づいて判断するうえで，会計の知識が役立ちます。さらに，一般の人々も積極的に会計を学ぶべきなのです。この先行き不透明な現在の世の中において，家計をまったく考えずに日々の金銭をやりくりするということは危険です。政府や官公庁もそうです。税金を適切に利用するためにはやはり会計の知識が大切ですし，すでに企業で用いられている会計は政府や官公庁でも用いられるようになっているのです。

　このように，会計は経済社会のあらゆる企業・組織・人々のすべてにとって重要なのです。

会計を学ぶコツ—経済の動きを捉える

　会計という言葉を聞くと，経理や計算というイメージを抱く人が多いものです。あるいは会計の計算的な側面ばかりイメージしすぎるため，会計を避ける人もいます。しかし，会計を現代人が避けることはできません。会計を考える場合

に常に意識しなければならないことは，急速に変化する経済社会において，会計も常に変化しているという点です。そのために，会計を学ぶ場合は経済の動きを常にフォローする必要があります。

　会計を学習する際に必要なことは，会計はルール（以下，会計基準といいます）に基づいて行われるということです。そして，この会計基準は常に変動する経済に連動して発展しています。ICT（情報通信技術）の進展や科学技術の進歩は著しく，経済自体が日々動いていますが，それにともない企業活動なども複雑化しています。会計基準もこの複雑化する経済事象すべてをフォローすべく進化を続けているのです。

会計を学ぶコツ—簿記を学ぶ

　会計を学ぶ際に最も重要なことの1つとして，簿記の学習があげられます。簿記とは企業などのあらゆる経済活動を「円」などの貨幣額で帳簿に記録・計算・整理し，最終的には財務諸表と呼ばれる決算書を作成する技術のことをいいます。確かに，企業などの財務諸表を分析する場合，財務諸表にあらわれているデータに基づけば，企業などの経営状態はある程度までは理解できるかもしれません。しかし，データがどのように導き出されているかは簿記の知識がないと理解できません。そのため，会計を学ぶ場合には簿記を学習しておくことが大切なのです。ここで，簿記を学習する場合の恰好の資格が日商簿記検定です。日商簿記検定の初級，3級，2級，さらに1級とステップアップすることにより，簿記の技術が身に付くだけでなく，会計の知識もそれに比例して習得していくことができます。

会計を学ぶコツ—会計の専門用語を理解する

　会計の世界では独特の用語が存在し，あるいは一般的に使われている用語が会計では異なった意味で使われる場合があります。

　「現金」という項目は一般的には通貨を意味しますが，会計では通貨だけでなく，通貨と同様の性質を持つ，他者から受け取った小切手という通貨代用証券なども現金に該当します。また，キャッシュという用語も通貨を意味するものとして一般的に利用されていますが，会計ではキャッシュは，通貨だけでなく，現金と同等の性質を持つ，現金同等物といわれるものも含みます。この現金同等物に

は，短期の定期預金などが代表的なものとして含まれます。

　さらには，利益という用語に関しても，一般的に利益も収益もそれらの違いが必ずしも明らかにされていない印象を受けますが，会計における利益は収益と費用の差額として算定されるものです。

　この他にも会計特有の用語が数多く存在しますが，会計を学ぶコツはこのような会計の専門用語を覚えることにあります。つまり，会計の用語を身に付けることができれば，あらゆる企業・組織の財務諸表を読み解く力が身に付くのです。なお，このような用語は簿記を学習することで身に付くことも多いため，会計を学習する場合，簿記の学習を行うことをお勧めします。

会計を学ぶコツ―会計のルールを理解する

　財務諸表は会計基準に従って作成されています。会計基準には，これまで日本独自に形作られてきたものもありますが，現在の会計基準は，会計基準の国際化，グローバル化の中で形成されてきたものが多くあります。そして現在の会計基準を学習する場合に重要な考え方の1つが「将来予測」です。もともと会計は，過去の情報を財務諸表で利害関係者に提供することを目的としていました。とくに，日本の場合，伝統的に企業（これ以降，「プレレッスン」では企業を前提として記述します）は企業の利害関係者の中でも銀行などの債権者を重視する傾向が強かったため，資金提供者としての債権者を保護することに会計の重要性が置かれていたのです。しかし，株式の発行による資金の調達が重要になるにつれ，会計の目的が投資家に有用な情報を提供するという観点に重要性が置かれるようになってきたために，投資家が将来投資をするか否かという決定，すなわち「投資意思決定」に対して有用な情報を提供するという考え方が会計基準の中にちりばめられています。この「将来予測」に関して利用される代表的な考え方が，「貨幣の時間価値」になります（貨幣の時間価値については本書でも詳細に述べられていますので，詳細はそちらを参照してください）。銀行預金を考えるとわかりやすいのですが，預金（貨幣）は一定の利率で運用すると，時間の経過にともなって増加します。ということは，一定の利率で貨幣を運用した場合の将来のお金の企業への流入額を逆算することが可能になるのです。この逆算を「将来キャッシュ・フローの割引計算」と呼びますが，現在の会計基準の多く（例えば，減損会計，退職給付会計，資産除去債務会計，リース会計など）にこの考え方が導入されていますので，会

計基準を学習する場合にこのような考え方の習得に積極的にチャレンジしてください。

会計を学ぶコツ―実際の財務諸表に触れてみる

　会計を学ぶうえで重要なことは，実際の財務諸表に触れてみることです。実際の財務諸表に触れる場合，まず企業を選択する必要がありますが，関心のある企業が最適です。例えば大学生であれば将来就職を考えている企業，社会人の場合は勤務先や取引先などの企業が良いでしょう。実際の企業の財務諸表を入手するためには，証券取引所に株式を上場している企業（上場企業）などの場合，そのホームページに，投資家情報もしくはIR情報（IRとはInvestor Relationsの略で，投資家向け広報のこと）という項目があり，ここをクリックすれば，「有価証券報告書」が掲載されています。この有価証券報告書をダウンロードすれば，膨大な量のファイルが現れ，そのファイルの目次の「経理の状況」の箇所をクリックすれば，実際の財務諸表を閲覧することができます。あるいは，金融庁の運営するEDINET（エディネット）と呼ばれるサイトでも，上場企業などの財務諸表を企業ごとに検索し，閲覧することが可能です。ここで，実際に関心のある財務諸表をチェックし，財務諸表の構成を確認してみましょう。すると，個々の企業の経営の実態を数値的に理解することができます。さらに，このような財務諸表を同一業種同士で比較すれば，単なる企業のイメージなどでは知ることができなかった企業の実態が説得力をもってみえてきます。加えて，各種の経営分析上の指標に財務諸表のデータを当てはめれば，企業の経営の状態がより明らかになるのです。

会計を学ぶコツ―国際感覚を持って会計を理解する

　会計を学習するうえで重要なことの1つに，国際感覚を養うということがあげられます。現在，各国の会計基準は統合化されようとしており，国際的な会計基準の統合化を目的として公表されている一般に，国際会計基準と呼ばれる国際財務報告基準（IFRS）に，各国の会計基準を近づける，コンバージェンスという手法の適用や各国がIFRSを採用（アドプション）することで，会計基準の統合化が進められています。しかし，会計基準の統合化は社会，政治および金融など各国固有の問題を考慮しなければ実現は困難です。日本の会計基準は1990年代から

現在まで，会計基準の国際化の流れを受けて設定されてきているために，現在の日本の会計基準を理解するためには，会計基準設定の背後にある世界的な会計基準の国際化の流れをも理解する必要があります。現在は企業活動のグローバル化が進んでおり，財務諸表の数値もそれらのグローバル化した企業活動を描写したものになっています。さらに，1990年代以降わが国において整備されてきた会計基準は，米国や国際的な会計基準設定機関の影響を大きく受けたものになっています。そのため，財務諸表を読み解く際にも，このような企業活動のグローバル化の流れを意識することが重要です。逆の観点からこのことを考えると，会計を学習することで国際感覚を身に付けることもできるわけです。

会計を学ぶコツ—簿記・会計に関する資格を取ろう

　会計の魅力は，簿記・会計と関連した資格が非常に多いことです。その理由は，簿記・会計が複雑であり，かつ実社会において必須の知識であるためでしょう。これらの資格には，国家資格と公的資格の2つがあり，代表的なものには以下のようなものがあります。

　国家資格：「公認会計士」「税理士」
　公的資格：「日商簿記検定」「国際会計検定（BATIC®）」

　まず，公認会計士は，財務諸表の監査を主たる業務とし，税理士は，納税申告書の代行業務などを行うことができる資格であり，どちらの試験も難関であるといわれています。いずれも簿記・会計の知識が必要不可欠であり，独立開業が可能です。

　次に公的資格の日商簿記検定は，簿記・会計のスキルを評価する権威のある検定試験であり，日本商工会議所・各地商工会議所が実施しているもので，社会的評価の非常に高いものです。国際会計検定（BATIC®）は，東京商工会議所・施行商工会議所が実施しているものであり，英語による簿記・会計の知識を評価する検定試験です。現在の国際化した簿記・会計を英語で学習できるために，非常に有用性の高い資格で，スコア制（0-1,000）を採用している点が特徴です。出題範囲はSubject1（英文簿記）とSubject2（国際会計理論）とに分かれ，取得スコアに応じて，「ブックキーパーレベル」「アカウンタントレベル」「アカウンティングマネジャーレベル」「コントローラーレベル」の4段階の称号を獲得することが

できます。会計基準がグローバル化している中で，BATIC® は英文簿記や IFRS から出題されるため，BATIC® はグローバルに活動する企業への就職や転職，そのような企業の従業員のスキルアップを目指す場合に有利になるでしょう。

　これらの資格でまずお勧めしたいのが，日商簿記検定 3 級（商業簿記から出題）と 2 級（商業簿記・工業簿記から出題）です（商業簿記から出題される「初級」もありますが，お勧めは 3 級からの取得です）。2 級まで取得していれば，企業の財務諸表を分析するための基礎的な知識が身に付きます。1 級（商業簿記・会計学・工業簿記・原価計算から出題）は，相当程度の簿記・会計の知識が問われる難関試験となっていますが，企業の財務諸表を本格的に分析する力が身に付きます。

　また，最近の就活は非常に厳しいものがありますが，これらの簿記・会計に関する資格を持っていることで就活が有利になると考えられます。履歴書には資格欄がありますが，資格欄こそが就活生の努力を客観的に表すものであるといえます。さらに，新卒者の就活だけでなく，転職にも簿記・会計の資格は威力を発揮することでしょう。

　このように，簿記・会計の資格は，人生を行き抜く強力な武器となってくれます。

レッスン1

会計とは何か

プレ演習問題

Pre-Exercise

問1　世界最古の簿記書は，1494年［　　　］により著された。
　　① ルカ・パチョーリ　　② ハットフィールド　　③ リトルトン

問2　2年ごとに財産目録の作成を義務づけたのは，［　　　］である。
　　① 旧ドイツ商法　　② フランス商業条令　　③ 英国会社法

問3　産業革命により固定資産が増大すると，［　　　］制度が発展し，投資家の保護のため損益計算書が重視されるようになった。
　　① 有限会社　　② 株式会社　　③ 合名会社

問4　［　　　］では，外部の利用者に会計情報を提供し，外部報告会計といわれる。
　　① 管理会計　　② 公会計　　③ 財務会計

問5　学校法人会計基準は，［　　　］を適用対象としている。
　　① 国立大学法人　　② 私立学校法人　　③ 公益法人

一般に会計（accounting）といっても，人それぞれ捉え方に違いがあるようです。本レッスンでは，会計の歴史を学習し，それから会計の体系を整理します。

ステップ１

　会計といういい回しは，著書では米国において1909年に刊行されたハットフィールドの著書『近代会計学』[1)]がはじめてのようです。それまでは，簿記（Bookkeeping）というのが一般的でした。ではなぜ，簿記から会計というようになったのでしょうか。リトルトンは，「会計が新しい意義と使命をおびて登場してきた大半の理由は株式会社企業のいちじるしい特徴たる所有の分散および所有と支配の分離にこれを求めることができる。個人商人から小規模組合営業への発展が簿記の進歩をうながしたことは事実であるが，さらに組合営業から転じて数万人の株主からなる株式会社への発展は，単なる簿記の形式的進歩を乗り越えて，新たに会計学を勃興せしめる大きな刺激となったのであった。」[2)]と述べています。

　古代ローマのキケロの時代にすでに複式簿記が行われていたという説もありますが，中世イタリアの時代とみるのが一般的です。それは，会計帳簿が実在するからです。また，1494年のルカ・パチョーリの数学書『算術・幾何・比例の全書』（略してスンマ）の第9編論説11　36章「計算と記録の詳論」[3)]において当時イタリアで行われていた複式簿記の記述があることは有名です。スンマは，現存する世界最古の簿記書といわれています。このイタリア式複式簿記は，フランス，ドイツおよび英国などのヨーロッパの国々へ伝播していくのです。

　中世イタリアにおいて地中海貿易が盛んで，コメンダ（匿名組合）が組織され，匿名組合員が資金を提供し，業務執行組合員が貿易を行いました。匿名組合員は，利益が発生すると出資割合に応じて分配を受け，損失が発生した場合にはそれを負担しました。また，冒険家は，出資を募り船団を率いて大航海に乗り出し，アジアの特産物を持ち帰り，それらをヨーロッパで処分し莫大な利益を得て，出資者に利益の分配を行いました。コメンダや航海ごとに資金を集め，航海が終わると利益を分配し解散する形態を当座企業といいます。

　商業が発展し，商品の流通が増加する（商業革命）と，商人は店を構えて商売を行うようになります。定着企業の出現です。しかし，経済的基盤が弱いこれら

の企業では，財産隠匿や計画倒産が行われました。いわゆる借金の踏み倒しです。このような状況に対して，フランスでは，1971年に商業条令が制定され，債権者を保護し，破産を防止するために，2年ごとに財産目録を作成することを義務づけました。ドイツでは，1861年に旧ドイツ商法が制定され，財産目録から貸借対照表を作成することを規定します。

英国では，1862年に会社法が制定され，貸借対照表の様式を規定し，監査役による監査が制度化されました。これは，当時，南海会社泡沫事件[4]のように出資者に多大な損害を与える事件が頻発したことにより，出資者を保護するために制度化されたものです。

産業革命により企業が大規模化すると，多額の資金が必要となり，広く大衆から資金を集める株式会社制度が発展します。世界で最初に設立された株式会社は，1602年のオランダ東インド会社です。これに倣って，1600年に設立された英国東インド会社が1657年に株式会社化されます。ただ，当時の会社は，航海貿易による資金集めと利益の配当を行っていて，産業革命後の鉄道業においてみられる株式会社とは，資金の規模，株主の大衆化において大きな相違がみられます。ここでの企業は，継続企業です。株式会社では，株主は経営者に経営を委託します。経営者は，いかに会社の資産を効率的に運用し利益をあげたかを株主に報告します。これを受託責任の解除といいますが，リトルトンによればここで簿記から会計学へ展開することになります。

図表1-1　当座企業，定着企業および継続企業の展開

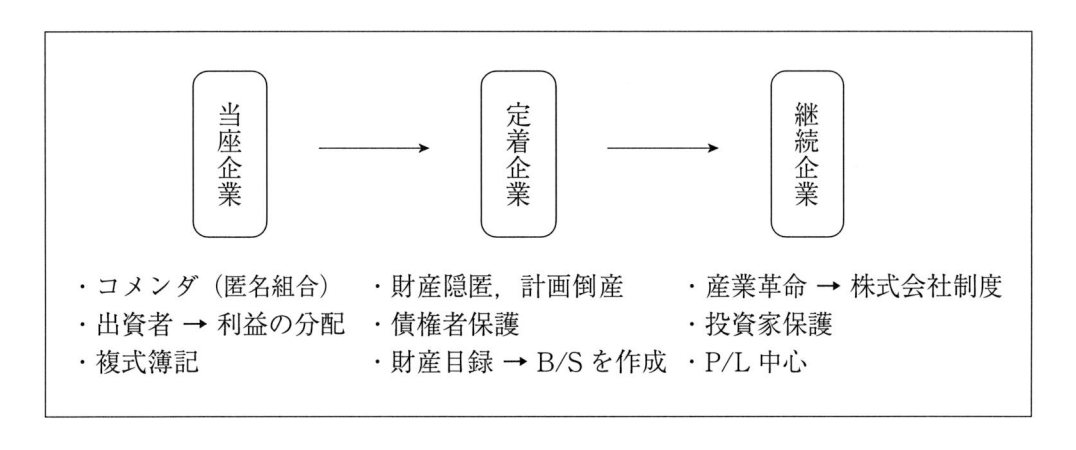

当座企業 → 定着企業 → 継続企業

- コメンダ（匿名組合）
- 出資者 → 利益の分配
- 複式簿記

- 財産隠匿，計画倒産
- 債権者保護
- 財産目録 → B/S を作成

- 産業革命 → 株式会社制度
- 投資家保護
- P/L 中心

米国での経済の発展にともない宗主国である英国からの投資が活発になり，英国の会計士が米国にわたり，米国の会社の会計監査を行い，英国からの投資の健全化を図ることになります。ただ，当時，証券市場が未発達で，企業の資金調達は銀行資本に依存しており，会計監査は返済能力を判断するため貸借対照表（バランスシート，B/S）が中心でした。その後，企業の大規模化，固定設備の増大が進み，そのことが証券市場の発展を促し，企業の資金調達は株式発行に依存することになり，所有と経営の分離（株主が経営者に経営を委託）が生じます。この間，第1次世界大戦により英国の経済力が弱まり，米国が英国に取って代わるようになると，会計学は米国を中心に発展していくことになります。

　1929年の大恐慌は，米国において会計原則の統一化の要求となってあらわれます。それは，株価暴落の原因の1つに，企業の不透明な会計が投資家を惑わし，誤った意思決定を導いたことが指摘されたからです。この会計原則の統一化の過程で，取得原価主義を基礎とする損益計算書（P/L）中心の会計原則が確立されました。

　さて，簿記から会計学への展開を簡単にみてきましたが，最近，会計の国際化が叫ばれ，評価基準も取得原価から時価へと変わっていきました。これについては，レッスン2で学習します。

　ところで，会計は，営利会計（企業会計）と非営利会計に区分されます。企業会計は，財務会計と管理会計に区分されます。財務会計は，外部報告会計ともいわれ，株主や債権者などの外部利用者の意思決定に役立つような会計情報の提供を目的とします。管理会計は，内部報告会計ともいわれ，経営者や中間管理者の

図表1－2　会計の体系

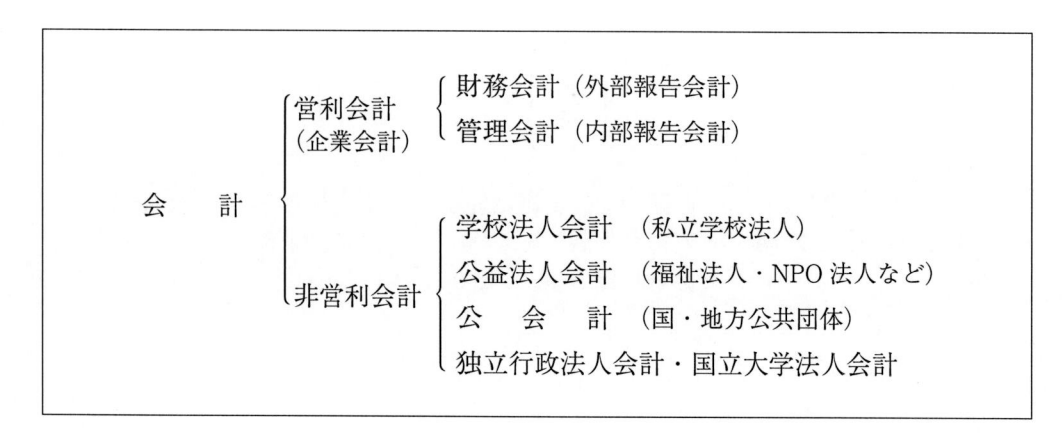

```
           ┌ 営利会計    ┌ 財務会計（外部報告会計）
           │（企業会計） └ 管理会計（内部報告会計）
会　計 ┤
           │              ┌ 学校法人会計　（私立学校法人）
           │              │ 公益法人会計　（福祉法人・NPO法人など）
           └ 非営利会計 ┤ 公　　会　　計（国・地方公共団体）
                          └ 独立行政法人会計・国立大学法人会計
```

内部利用者の意思決定に役立つような会計情報の提供を目的とします。

　非営利会計は，学校法人会計，公益法人会計，公会計および独立行政法人会計などに区分できます。学校法人会計は，私立学校法人の会計で「学校法人会計基準」（1968年文部省制定）に基づくのですが，最近改訂されました。公益法人会計は，公益法人会計規定に基づいて行われます。公会計は，国や地方自治体を中心とした会計です。これらは，原則として収支決算会計で，企業会計のような発生主義会計ではありません。しかし，英国，ニュージーランドにおいて国や地方自治体で発生主義会計が導入され，ある程度成功をおさめたといわれています。その1つは，ニュー・パブリック・マネジメント（New Public Management）と称される民間の経営手法です。わが国でも企業会計により業績評価を導入し，バランスシートを作成する地方自治体が増えています。また，国立博物館などは独立行政法人化にともない「独立行政法人会計基準」が制定されています。「独立行政法人会計基準」のポイントは，企業会計原則の導入（複式簿記，発生主義会計）による効率化とサービスの向上，行政サービス実施のために必要なコスト全体の情報提供，独立行政法人の特性に応じた会計処理の工夫，国際会計基準への対応（キャッシュ・フロー計算書の作成）です。国立大学法人会計は，「独立行政法人会計基準」と同様に企業会計を導入した「国立大学法人会計基準」により会計を行います。

　本書では，企業会計のうち財務会計を中心に説明を行います。したがって，これ以後会計という場合，財務会計を前提としています。

ステップ2

　財務会計とは何でしょうか。財務会計とは，財務諸表によって外部の利用者に企業の財政状態および経営成績などの情報を提供し，彼らの業績判断（意思決定）に役立てることです。

　財務諸表とは，貸借対照表や損益計算書をいいます。キャッシュ・フロー計算書を含めて，3大財務諸表と称されているようです。これらについて，詳しくは，レッスン3で説明します。とりあえず，貸借対照表はどこから資金を調達してきて何に運用しているかという財政状態，損益計算書はいくら儲かったかという経営成績，キャッシュ・フロー計算書はキャッシュの出入りをあらわすと考え

図表 1 - 3　財務会計（外部報告会計）のプロセス

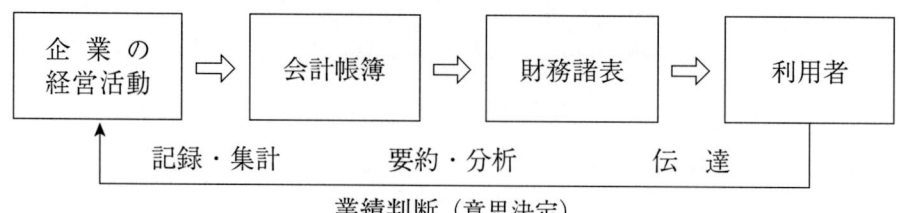

```
                          公認会計士による監査

┌─────┐      ┌─────┐      ┌─────┐      ┌─────┐
│企 業 の│ ⇨   │会計帳簿│ ⇨   │財務諸表│ ⇨   │利用者 │
│経営活動│      │     │      │     │      │     │
└─────┘      └─────┘      └─────┘      └─────┘
   ↑    記録・集計     要約・分析      伝　達      │
   │                                              │
   └──────────業績判断（意思決定）──────────────┘
```

てください。

　上場会社などの財務諸表は，公認会計士の監査が必要です。監査とは，会計基準や監査基準にしたがって財務諸表が適正に作成されているかどうか，判断することです。

　どのような利用者がいるか，彼らがどのような意思決定を行うかは図表 1 - 4 のとおりです。

図表 1 - 4　財務諸表の利用者とその利用目的

利用者	利用目的
株　主	配当金がいくらになるか判断する
投資家	企業への投資の有無を判断する
債権者	支払能力（与信能力）を判断する
従業員	賃金交渉に役立てる
仕入先	買掛金の支払いの有無を判断する
得意先	売掛金の回収の有無を判断する
消費者	価格政策・社会への貢献度を判断する
税務署	徴税に役立てる
学　生	就職に役立てる

　米国の会計書を読むと，利用者に弁護士が含まれています。弁護士は，財務諸表で何を判断するのでしょうか。ハリウッドで制作された映画の中で交通事故にあった被害者に真っ先に弁護士が来て，損害賠償の示談交渉をお任せくださいと名刺を置いて行くのをみたことがありませんか。訴訟社会といわれる米国ならで

はの光景です。被害者が損害賠償を要求して企業を訴えた場合，弁護士はどのくらい損害賠償をとれるか財務諸表をみて判断するのです。

利害関係者について，国際会計基準審議会（IASB）と米国の財務会計基準審議会（FASB）が共同で2010年9月に公表した『財務報告に関する概念フレームワーク』では，「現在のおよび潜在的な投資家，融資者およびその他の債権者」を財務報告書（財務情報）の主たる利用者と述べています。財務報告書は，財務諸表より範囲が広いようです[5]。

さて，国立大学法人会計基準ですが，企業会計基準に基づいて制定されています。その相違点について，図表1-2と比較してみてください。

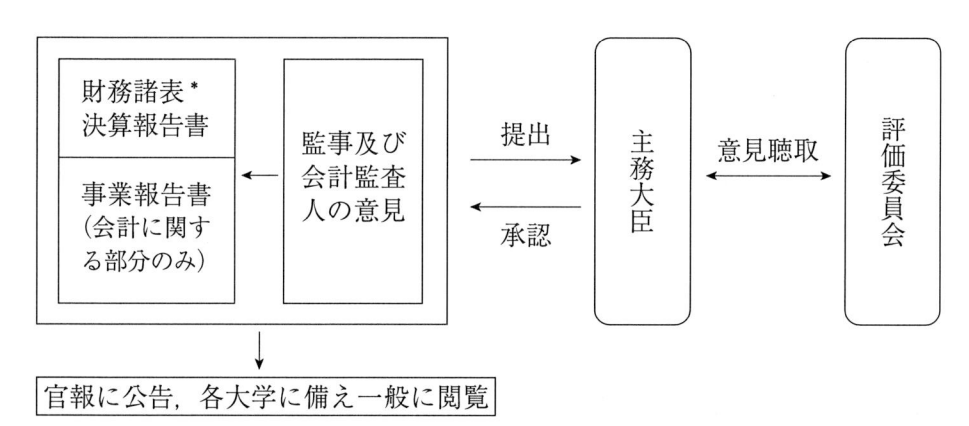

図表1-5 国立大学法人の財務諸表等ディスクローズの流れ

```
┌─────────────────┐
│ 財務諸表*        │
│ 決算報告書       │──┐
├─────────────────┤  │  ┌──────────┐  提出   ┌──────┐  意見聴取  ┌──────┐
│ 事業報告書       │  ├─→│ 監事及び  │───────→│ 主務 │←────────→│ 評価 │
│（会計に関する    │  │  │ 会計監査  │         │ 大臣 │           │ 委員 │
│ 部分のみ）       │──┘  │ 人の意見  │←───────│      │           │ 会   │
└─────────────────┘      └──────────┘  承認   └──────┘           └──────┘
         │
         ↓
┌─────────────────────────────────┐
│ 官報に公告，各大学に備え一般に閲覧 │
└─────────────────────────────────┘
```

＊貸借対照表，損益計算書，キャッシュ・フロー計算書，利益の処分又は損失の処理に関する書類，国立大学法人等業務実施コスト計算書および附属明細書。さらに，決算報告書および事業報告書を含め財務諸表等という。

企業と国立大学法人は，利害関係者に違いがありますので誰に財務諸表等を伝達するか特徴がよく出ています。

さて，われわれが外部に報告された財務諸表をみる場合に注意しなければならないことがあります。それは，財務諸表において絶対的真実ではなく相対的真実が示されるということです。

> 　今日の企業の財務諸表は，単に取引の帳簿記録を基礎とするばかりでなく，実務上慣習として発達した会計手続を選択適用し，経営者の個人的判断に基づいてこれを作成するものであって，いわば記録と慣習と判断の総合的表現にほかならない。財務諸表が単なる事実の客観的表示ではなく，むしろ多分に主観的判断と慣習的方法の所産であることは，近代的企業会計の著しい特徴である。
>
> （『監査基準』・『監査実施準則』，前文「財務諸表の監査について」1951 年）

　これは，わが国独自の見解ではなく，米国における「財務諸表は，記録と慣習と判断の総合的表現である。」("Financial statements reflect a combination of recorded facts, accounting conventions, and personal judgment.") という見解を翻訳したもので，財務諸表の特徴を見事に表現している文言です。例えば，減価償却は，資産の取得原価（事実の記録）をその耐用年数（見積り）にわたり，定額法や定率法の一定の償却方法（慣習）からある方法を選択（判断）し計算します。つまり，A社の当期純利益が1億円，B社の当期純利益が5,000万円あったとしましょう。どちらが良い会社ですかと質問されて，あなたがA社と答えるならば，理解不足です。A社もB社も同じ会計処理方法を採用している場合はA社が良い会社となります。それは，減価償却についてA社が定額法，B社が定率法を採用している場合，他の条件が同じとすれば，B社よりA社の利益が大きくなる可能性があるからです。このように，会計処理の方法が1つでなく複数ある場合は，どの会計処理方法を採用するかにより，当期純利益が異なります。したがって，会社の業績を判断する場合，どのような会計処理方法を採用しているかが重要になります。

演習問題

問1　当座企業，定着企業および継続企業に関連する項目を語群より選び，番号を記入しなさい。

企業形態	関連する項目
当座企業	
定着企業	
継続企業	

【語群】
　①冒険企業　②商業革命　③株式会社制度　④フランス商業条令　⑤財産目録
　⑥財産隠匿　⑦1861年旧ドイツ商法　⑧産業革命　⑨コメンダ　⑩計画倒産
　⑪オランダ東インド会社　⑫債権者保護　⑬投資家保護　⑭鉄道業　⑮地中海貿易

問2　次の空欄に適当な用語を語群より選び，記号を記入しなさい。
　（①）は（②）と（③）に区分され，（②）は外部報告会計，（③）は内部報告会計といいます。（④）は，学校法人会計，公益法人会計，（⑤）および独立行政法人会計などです。また，（②）は株主や債権者などの外部利用者の意思決定に役立つような，（③）は経営者や中間管理者の内部利用者の意思決定に役立つような会計情報の提供を目的とします。

【語群】
　a. 財務会計　b. 公会計　c. 非営利会計　d. 企業会計　e. 管理会計

①	②	③	④	⑤

問3　次の（　）に適当な用語を語群より選び，記号を記入しなさい。
　財務会計とは，（①）によって（②）の利用者に企業の（③）および経営成績などの情報を提供し，業績判断（意思決定）に役立てることです。

【語群】
　a. 財務諸表　b. 事業報告書　c. 内部　d. 外部　e. 財政状態　f. 財産状態

①	②	③

問4　財務諸表の利用者がそれをみてどのような業績判断（意思決定）を行うか，A群とB群の関連するものを線で結びなさい。

　　　　（　A　群　）　　　　　　　（　B　群　）
　①　投　資　家　　　　　a. 支払能力（与信能力）を判断する
　②　債　権　者　　　　　b. 価格政策・社会への貢献度を判断する
　③　消　費　者　　　　　c. 企業への投資の有無を判断する
　④　従　業　員　　　　　d. 賃金交渉に役立てる

問5 今日の財務諸表作成における近代的企業会計の著しい特徴について述べなさい。

プレ演習問題の解答

| 問1 | ① | 問2 | ② | 問3 | ② | 問4 | ③ | 問5 | ② |

会計の歴史については，山下壽文『会計学のススメ』創成社，2013年を参考にしてください。

レッスン2

国際会計基準（IFRS）をめぐって
～コンバージェンスとアドプション～

プレ演習問題
Pre-Exercise

問1　国際会計基準審議会（IASB）の本部は，□□□□にある。
　　① ロンドン　② ニューヨーク　③ アムステルダム

問2　□□□□は，国際会計基準のアドプション国である。
　　① 日本　② 韓国　③ 米国

問3　日本とIASBの会計処理の違いの1つにのれんの□□□□がある。
　　① 規則償却　② 減損処理　③ 未償却

問4　IFRSの特徴は，一般に原則主義，公正価値および□□□□重視といわれている。
　　① 損益計算書　② 事業報告書　③ 貸借対照表

問5　□□□□は，公正価値で評価した期末純資産と期首純資産の差額である。
　　① 包括利益　② 稼得利益　③ 経常利益

世界の110カ国以上の国々がIFRSを導入する中，米国と日本は上場会社へのIFRSの強制適用を見送ることを決定しました。本レッスンでは，IFRSを制定するIASBの変遷をたどるとともに，IASBの会計基準に対する基本的な考え方を明らかにします。さらに，わが国が上場会社へのIFRSの強制適用をなぜ見送ったのか，その対応がいかなるものかを検証します。

ステップ1

　企業が国際的に事業活動を展開し，資金調達（株式や社債の発行）を国際市場で行う企業が増加するという企業経営活動のグローバル化が進む中，財務諸表の同質性や企業間の比較可能性が求められるようになりました。この課題を解決すべく，世界中で承認される国際会計基準（IAS）の作成や各国の会計基準の調和に

図表2-1　国際会計基準（IFRS）を巡る2000年以降の世界の動き

年	月	出来事	内容
1973	6	IASC設立	IASの設定および会計基準の調和を求めて設立。
2000	5	IOSCOがIASを是認	IOSCOが各国の規制当局に対し，IASで作成した決算書による外国企業の資金調達を認めるよう求める。IOSCOのお墨付きにより，国際会計基準の存在感が一気に高まる。
2001	4	IASBへ改組	IFRS作りを担う新体制がスタート。日本でも会計基準を決める民間団体として，企業会計基準委員会が同年始動した。
2002	10	ノーウォーク合意	米国のコネチカット州ノーウォークで，IASBと米国財務会計基準審議会（FASB）が会計基準の共通化で合意。IFRSと米国会計基準の統合機運が加速。
2005	1	EUがIFRSを義務付け	欧州委員会がEU域内の上場企業に対してIFRSを義務付け。外国企業の適用時期は，当初2007年1月としていたが，その後，2009年1月に延期した。
2007	8	東京合意	企業会計基準委員会とIASBが会計基準間の重要な26項目の違いは2008年までに，その他の項目についても2011年6月までに解消することで合意。
2012	7	米国のIFRSへの対応	米国SECのスタッフがIFRSの強制適用を見送る最終報告書を提出。
2013	6	日本のIFRSへの対応	金融庁・企業会計審議会がIFRSの強制適用を当面見送ると発表。

向けて，国際会計基準委員会（IASC）が1973年6月，オーストラリア，カナダ，フランス，ドイツ，日本，メキシコ，オランダ，英国およびアイルランド，米国の会計士団体の合意により設立されました。

　ここで，少し用語の整理をしておきましょう。よく『日本経済新聞』などにIFRSを導入などと書かれていますが，この場合のIFRSはIASCの制定したIASを含みます。つまり，IASBのIFRSとIASCのIASを総称して国際会計基準といい，さらにIFRSというのです。この場合のIFRSは国際会計基準を指します。ただし，IFRSの正式な訳は国際財務報告基準です。

　IASCは，(1) 財務諸表を作成する場合に準拠すべき会計基準を作成・公表し，この会計基準が世界的に承認・順守されることを促進し，(2) 財務諸表作成の会計基準などの改善と調和へ向けて活動することを目的としていました。したがって，世界中で承認されるようなIASを作成・公表し，多様な会計基準をできるだけ調和させる努力をしました。

　民間会計基準設定主体であるIASCが設定したIASが世界各国の証券市場で適正な会計基準として認められるには，各国の証券規制当局の国際組織である証券監督者国際機構（IOSCO）が，国際資本市場での統一的な会計基準として承認することが重要となります。IASCは，1995年7月にIOSCOがコア・スタンダードの完成を条件に世界の証券市場におけるクロスボーダーの資金調達や上場のための共通ルールとしてIASを承認することを表明すると，コア・スタンダードを完成させ，IASCの組織改革に取り組み，2001年1月よりIASBの下で活動を強化することを決定しました。

　IASBの新組織の下での目的は，次の3点です。

(1) 世界の資本市場における参加者が健全な経済上の意思決定を行うのを支援するために，財務諸表において質の高い，透明かつ比較可能な情報を要求する単一の質の高い，理解しやすくかつ強制力のある国際的な会計基準を，公益の中で展開する。
(2) これらの基準の採用および厳しい適用を促進する。
(3) 質の高い解決のために国内会計基準とIFRSの統合化を図る。

　そのためのIASBの戦略は，「各国基準設定主体との共同作業を通じて，最善の会計上の解決策をみいだし，かつ国際的に会計基準の統合を容易にするリーダー

として活動することにより，IASB の目的の達成を可能にする国際的組織を供給する」ことです。IASC が各国との会計基準の独自性を認めながらできるだけ調和を図ろうとしたのに対し，IASB は会計基準の統一化に向けてよりリーダーシップを強めようとしています。

　IASB は，ロンドンに本拠を置き，IFRS 財団の評議員会によって集められる拠出金で運営されています。この拠出金は，世界中の主要会計事務所，民間金融機関および事業会社，中央銀行および開発銀行，ならびにその他の国際的専門団体からのものです。現在の 16 人の IASB メンバー（うち非常勤が 2 人）は，世界各国から選ばれ，幅広い職務上の経歴を有しています。IASB は，公共の利益のため，一般目的の財務諸表において透明で比較可能な情報を要求する，高品質かつ世界的な会計基準の単一のセットを開発することを公約しています。さらに，全世界の会計基準の統一を達成するために各国の会計基準設定主体と協力しています。IASB は，IFRS の制定を行っています。

> 　IFRS の導入に関連して，コンバージェンスとかアドプションという用語をよく目にします。コンバージェンスは，収斂(しゅうれん)，統合あるいは『日本経済新聞』では共通化と訳されますが，各国の会計基準と IFRS の相違を許容できるレベルまで縮小することです。これに対して，アドプションは IFRS そのものを自国の会計基準として用いることです。アドプションに訳はなく，そのままアドプションと表記します。EU 諸国，香港，韓国およびカナダなど多くの国々がアドプション国になっています。コンバージェンス国は，米国，日本および中国などです。

　ところで，米国は，2001 年のエンロン事件以後，米国会計基準に対する不信が高まり，FASB は IASB との会計基準のコンバージェンスに向けて積極的に動き始めます。それは，2002 年 10 月 29 日に IFRS と米国会計基準との統合化を今後推進していくことを表明した「ノーウォーク合意」にみられます。その内容は，次のとおりです。

(1) 比較的簡単に統合化ができる項目に限って短期的な IFRS と米国会計基準との統合

(2) 2005 年 1 月 1 日時点で残っている両者の差異についても，独立プロジェ

クトを設けて中長期的に統合化を図っていく
(3) 会計基準を解釈する委員会の活動についても共通の解釈ができるように統合化を図る

　同時に，米国企業へのIFRSの強制適用に向け検討がなされました。当初の予定では，2011年に強制適用の有無を判断するとしていましたが，それが2012年に延期されました。その後，米国の証券取引委員会（SEC）のスタッフが米国企業にIFRSの強制適用を見送る最終報告書を提出しました。

　米国がIFRS導入を逡巡する理由としては，(1) 会社法・税法という国内法規と密接に結び付く会計基準の設定をIFRSにゆだねて良いのか，(2) IASBは，トップダウンにより新しいモデルに依拠して会計基準を塗り替えようとしている，という2つがあげられます（辻山栄子「IFRSをめぐる6つの誤解」『企業会計』第62巻第12号，2010年，5頁）。

　さて，わが国のIFRSへの対応を検証する前に欧州連合（EU）との動きをみておきましょう。欧州委員会は2007年1月1日からEU域内で上場し，また債券を発行する外国企業に対し，連結財務諸表に追加の決算開示を義務づける「強硬路線」から，IFRSとのコンバージェンス作業を急ぐことを公約すれば追加開示を求めない「柔軟路線」（同等性評価）へと傾きました。

　日本の会計基準を制定する企業会計基準委員会は2006年1月末，IASBと進めているコンバージェンス作業の展望を示した新しい案を発表しました。2008年時点でのIASBとのコンバージェンス作業の達成見通しを，2006年3月に東京で開かれた会議でIASBに提示しました。これについて，『日経ビジネス』誌は，特集「会計鎖国・日本の敗北」で「日本が2011年までに国際会計基準に合わせることが決まった。対立していたはずの欧米が手を結んだことで，日本は存在意義を失った。独自基準に固執し続けてきた日本の敗北である。」（『日経ビジネス』2007年11月26日号，65頁）と述べています。このIASBとの正式合意は，翌年東京合意により確認されました。わが国は，東京合意にしたがいIASBとのコンバージェンス作業を進め，欧州委員会からIFRSと同等の会計基準であるとのお墨付きをもらいました。

　その結果，日本基準とIFRSの主たる相違点は，図表2-2のようになりました。

図表２－２　日本基準とIFRSの主たる相違点

		日本基準	IFRS
利　益		経常利益がある	純利益に保有資産や負債を加えた「包括利益」を重視
費　用	のれん	規則償却・減損処理	規則償却せず，減損処理
	開発費	費用に計上	要件を満たせば，資産に計上可能
	リストラ費用	大半は特別損失に計上	営業費用に計上
オペレーティング・リース取引		貸借対照表に計上されない	資産・負債に計上
非上場株式		原価評価	時価評価

　金融庁・企業会計審議会の「我が国における国際会計基準の取扱い（中間報告）」（2009年6月）は，早ければ2010年3月期から一定の規模以上の企業などの連結財務諸表をIFRSで作成することを認め，また2012年頃にIFRSの適用を上場企業に強制するかどうか判断し，強制する場合には実務上必要かつ十分な準備期間を確保したうえで，上場企業の連結財務諸表をIFRSにより作成させ，個別財務諸表にもIFRSを適用するかどうかについては，2012年に判断することになると述べています。これは，日本がIFRSとのアドプションを表明したものと話題になりました。IASBの議長David Tweedie（当時）はこの中間報告を非常に評価しているようです。しかし，2011年に自見金融大臣（当時）は，IFRSの上場企業への早期強制適用見直しを表明し，これに水を差すことになります。

　ところで，わが国のIFRSの上場会社への強制適用については，米国の動向が大きく影響しています。米国が米国企業へのIFRSの強制適用の有無の判断を2011年に延期すると，わが国は2012年に延期しました。そして，2012年に米国が米国企業へのIFRSの強制適用を見送ると，その約1年後の6月に金融庁・企業会計審議会は，「国際会計基準（IFRS）への対応のあり方に関する当面の方針」を公表し，米国と同じくIFRSの強制適用を見送ることにしたのです。強制適用見送りの背景としては，この他，適用を義務付けるとシステムや会計処理の大幅な変更を迫られる企業の負担を配慮したことがあげられます。

　また，金融庁は日本基準とIFRSの折衷案となる新たな会計基準（日本版IFRS）作りに乗り出すことになり，これによりわが国では（1）日本基準，（2）米国基準，（3）IFRS，および（4）日本版IFRSの複数の基準が混在することになります。米国基準およびIFRSは任意適用で，これらを適用する上場企業はそれほど多く

ありません。

> IASBが公表したIFRSは，完全版IFRS，英語版IFRSあるいはピュアIFRSといわれることがあります。これに対して，EUが独自の見解を取り入れて修正したIFRSをEU版IFRSというようです。この他，中小企業のためのIFRSがあります。わが国では，これを中小企業版IFRSということが多いようです。

日本版IFRSは，IFRSを基本としながら日本として受け入れにくい個別の項目は日本基準を適用するというもので，欧州アジアで幅広く適用するIFRSに近い会計基準を導入し，海外からの投資を呼び込むことを狙いとしています。しかし，投資家の信認を得られるかどうか懸念もあります。ちなみに，IFRSと日本版IFRSの焦点となる主項目は，図表2-3のとおりです。

図表2-3　日本版IFRSの焦点となる主項目

	IFRS	日本版 IFRS
保有株式などの売却益を利益計上するか（リサイクリング）	×	○
非上場株の時価評価	○	×
のれんの規則償却	×	○
開発費の資産計上	○	×
オペレーティング・リース取引の資産・負債計上	○	×

ステップ2

IFRSの特徴は，一般に(1)原則主義（principles-based），(2)公正価値（fair value）および(3)貸借対照表重視にあるといわれています。

(1) 原則主義

原則主義とは，原則のみを規定し，詳細は財務諸表の作成者や監査人の判断にまかせるというものです。これに対して，米国基準は規則主義（rules-based）により会計基準を制定しています。規則主義では詳細な規定が制定されます。これ

は，米国基準が国際会計基準書の 10 倍以上の頁数になることにあらわれています。しかし，エンロン事件などの会計不正事件が詳細な規定の抜け穴を利用して行われたことから，米国では原則主義に傾き，そのため，米国は IASB と共同で会計基準の制定を行ってきました。最近，米国会計基準の設定が自国主義に回帰し，その共同作業が頓挫しているのが現状です。

原則主義と規則主義では，図表2－4のように会計基準の適用に必要な主要なスキルセットが違います。IFRS の適用は，これまでとは違った発想の転換が必要になります。

図表2－4 会計基準の適用に必要な主要なスキルセット

	会計基準の理解	取引実態の把握	実務適応能力
原則主義	80%	15%	5%
規則主義	20%	30%	50%

(出所) 川北博・橋本尚『ゼロからわかる国際財務報告基準』税務経理協会，2010 年，53 頁より作成。

(2) 公正価値

公正価値とは，「測定日において市場参加者間で秩序ある取引が行われた場合に，資産の売却によって受け取るであろう価格または負債の移転に支払うであろう価格」です。要するに，時価評価のことです。市場あるいは類似市場がある場合は，資産および負債の公表価格が公正価値になります。例えば，上場会社の株式は，証券取引所で売買されている価格です。問題は市場がない場合です。この場合，観察可能な市場データは入手できないので，入手できる最良の情報に基づき設定された，市場参加者が価格設定する際に用いるであろう仮定を反映する入力数値（企業の自己のデータを含む）により測定します。例えば，（割引）現在価値です。これについては，レッスン 12 で取り上げます。

IFRS は，全面公正価値の導入を目論んでいるという見解に対して，IASB の関係者は有形固定資産の評価において原価モデルと再評価モデルの選択適用を認めているので，誤解であると反論しています。一方で，負債の測定に（割引）現在価値を適用するなど会計基準に公正価値を導入しようとしています。

（3）貸借対照表重視

産業革命により株式会社制度が発展すると，それまでの債権者保護を目的とする貸借対照表中心とする考え方から投資家保護を目的とする損益計算書中心の考え方に移行します。ドイツの会計学者シュマーレンバッハは，著書『動的貸借対照表論』[1]において，貸借対照表は損益計算書の補助手段であるとか，貸借対照表は損益計算書の連結環であると述べました。これは動態論といわれ，一世を風靡します。「資産は将来の費用である」という主張は，シュマーレンバッハの動態論の考え方をよくあらわしています。例えば，建物は，その耐用年数にわたり減価償却費として少しずつ費用になっていきます。同じような見解は，米国においてペイトンとリトルトンの『会社会計基準序説』[2]で展開されています。

動態論を言い換えると収益費用アプローチになります。FASBの1976年討議資料[3]は，収益と費用から利益（あるいは損失）を導き出す収益費用アプローチが抽象的で利益操作の原因となるとし，資産および負債の具体的なものから損益を導き出す資産負債アプローチを提唱しました。

図表2-5　2つの利益観

利　益　観	利　益　観　の　内　容
収益費用アプローチ	収益は財の引渡しおよび用役の提供から生じ，棚卸資産以外の資産の販売または交換による利得，投資により稼得された利息および配当金，出資および資本修正によるものを除く期中の所有者持分のその他の増加，費用は当期の収益から控除することのできる（当期の収益に対して適正に対応させられた）あらゆる費消原価（歴史的原価，現在取替原価または機会原価）をいう。
資産負債アプローチ	収益は資産の増加または負債の減少（または両者のなんらかの組合せ）のうち資本的性質を有するものを除いたもの，費用は資産の減少または負債の増加（または両者のなんらかの組合せ）のうち資本的性質を有するものを除いたものをいう。

資産負債アプローチでは，公正価値で評価した期末純資産から期首純資産を控除して利益を求めます。これを包括利益といいます。したがって，期末に資産や負債を評価して利益を求めるので，途中の計算はいらず複式簿記は必要ないとい

う極論を唱える人も出てきました。これに対して，収益費用アプローチにより利益を計算する場合，複式簿記に基づいて取得原価主義や実現主義で純利益を求めます。包括利益 vs. 純利益の対立構図が出来上がり論争の的となりました。

　IASB の関係者は，IFRS が貸借対照表を重視しているとの見解に対して，損益計算書も同様に重視していると反論しています。例えば，包括利益計算書では，包括利益とともに純利益の表示も行います。

　わが国では，1996 年 11 月に当時の橋本内閣により会計基準の国際的な統一化が唱えられました。これがわが国への IFRS 導入のはじまりです。1997 年に山一証券が破綻し，その後も北海道拓殖銀行など経営破綻が相次ぎました。いわゆるバブルの崩壊です。これらの状況下で粉飾決算が明らかになり，日本の会計監査に対する不信感が高まります。『フィナンシャル・タイムズ』紙は，わが国の会計をピーターパンのワンダーランドにたとえて「不思議の国の会計」と揶揄しました。さらに，1999 年 6 月には，日本企業の英文年次報告書に，日本独自の会計基準で作成されたもので国際的に通用しないという「警告」がつくレジェンド問題が発生します。これを受けて，わが国に連結会計，時価会計およびキャッシュ・フロー計算書などが導入されます。

　2007 年 8 月の東京合意により，IFRS との相違点を解消するための合意がなされ，コンバージェンスが進められます。その結果，多くの項目の相違が解消され，欧州委員会より IFRS と同等の会計基準（同等性評価）であるというお墨付き

図表2－6　日本の主な会計基準をめぐる動き

年月	内容
1999 年 3 月	実質支配力に基づいた連結会計の導入
1999 年 4 月	キャッシュ・フロー計算書の導入
2000 年 4 月	退職給付会計，金融商品会計導入
2001 年 4 月	持ち合い株の時価評価導入
2005 年 4 月	工場，賃貸ビル等の固定資産の減損会計導入
2006 年 4 月	企業結合会計の導入
2008 年 4 月	改訂リース会計の導入
2010 年 4 月	原発などに資産除去債務会計の導入
2011 年 3 月	包括利益計算書（連結）の導入

（注）年月は実施・適用時期である。ただし，任意実施・適用時期は含まない。

をもらったことは，ステップ1で述べたとおりです。

　これらの会計基準は，IFRSの改訂にともない改訂されていますが，ステップ1で述べたようにまだいくつかの相違点が残されたままになっています。

> 　Personal Computerのことを「パソコン」と略しますが，国際的に通用しません。英語では，頭文字をとって略します。Personal Computerは，PC（ピー・シー）です。それでは，IFRSはどのように略すでしょうか。アイ・エフ・アール・エスです。またイファースとかアイファースとも呼びます。米国のFASBは，エフ・エー・エス・ビーです。米国の会計書には，括弧書きでファスビーと発音すると書いてありました。IOSCOはアイオスコとかイオスコというようです。

演習問題

問1　次の略語を語群より選び，その記号を（　）に記入しなさい。

国際会計基準審議会（　）　米国財務会計基準審議会（　）

国際財務報告基準（　）　　証券監督者国際機構（　）

米国証券取引委員会（　）　国際会計基準委員会（　）

【語群】

a. IOSCO　b. SEC　c. FASB　d. IASC　e. IASB　f. IFRIC　g. IFRS
h. AAA　　i. ASBJ　j. AICPA　k. IAS　l. GAAP

問2　次の(1)から(5)について正しいものに〇，誤っているものに×をつけなさい。

(1) IASBは民間の会計基準設定主体で，その本拠は米国のニューヨークにある。

(2) IASCは，IFRSを制定し公表している。

(3) アドプションはIFRSそのものを自国の会計基準として用いることで，EU諸国，香港，韓国およびカナダなどがアドプション国になっている。

(4) 欧州委員会は，日本の会計基準をIFRSと同等と認める同等性評価を行っている。

(5) 2002年10月29日の「ノーウォーク合意」により，企業会計基準委員会は IFRS と日本の会計基準との統合化を推進していくことになった。

| (1) | | (2) | | (3) | | (4) | | (5) | |

問3 次の（ ）にあてはまる適当な用語を語群より選び，記号を記入しなさい。

IFRS の特徴は，一般に（①），（②）および（③）にあると言われている。

【語群】

　a．原則主義　b．規則主義　c．公正価値　d．貸借対照表重視　e．取得原価
　f．損益計算書重視

| ① | | ② | | ③ | |

問4 わが国が IFRS を上場会社に強制適用しなかった背景を2つあげなさい。

プレ演習問題の解答

| 問1 | ① | 問2 | ② | 問3 | ① | 問4 | ③ | 問5 | ① |

レッスン 3

わが国における制度会計のあらまし

プレ演習問題

Pre-Exercise

問1　金融商品取引法において財務諸表とは，貸借対照表，損益計算書，キャッシュ・フロー計算書，株主資本等変動計算書および　　　　　である。
　　① 附属明細書　　② 個別注記表　　③ 有価証券報告書

問2　会社法において計算書類とは，貸借対照表，損益計算書，株主資本等変動計算書および　　　　　である。
　　① 個別注記表　　② キャッシュ・フロー計算書　　③ 事業報告書

問3　会社法では，資本金　　　億円以上または負債総額200億円以上の会社を大会社という。
　　① 5　　② 10　　③ 50

問4　わが国の株式会社は約　　　　　万社で，そのうち約1万5千社が大会社である。
　　① 150　　② 260　　③ 500

問5　現在わが国の会社には，株式会社，合資会社，合名会社および　　　　　会社がある。
　　① 合同　　② 有限責任　　③ 無限責任

本レッスンでは，わが国の金融商品取引法（金商法）会計，会社法会計，法人税法会計およびわが国の株式会社のほとんどを占める中小会社の会計基準について学習します。

ステップ1

わが国における制度会計は，金商法，会社法および法人税法の3つの法令に基づき各々金商法会計，会社法会計および法人税法会計のトライアングル体制の下に形成されています。それらの比較は，図表3-1に示すとおりです。

図表3-1　金融商品取引法会計，会社法会計および法人税法会計の比較

制度会計の種類	目　的	根拠法・規定等	決算書等	提出先
金商法会計	投資家保護	金商法・財務諸表等規則等	有価証券報告書	総理大臣
会社法会計	債権者保護	会社法・会社計算規則	計算書類等	株主総会
法人税法会計	適正な納税	法人税法・通達	申告書	国税庁

　金商法会計の目的は，投資家保護です。金商法をその根拠法としています。その適用対象は，(1) 発行価額または売出価額の総額が5億円以上の有価証券の募集，売出しをする会社，および (2) 上場会社になります。対象企業は，発行市場において有価証券届出書および目論見書（(1)の対象企業），流通市場において有価証券報告書（略して，有報といいます），半期報告書および臨時報告書（(2)の対象企業）を作成し，内閣総理大臣に提出しなければなりません。有価証券報告書には，企業の概況，事業の状況，設備の状況，経理の状況などが記載されています。経理の状況には，財務諸表が含まれ，公認会計士の監査証明書を添付する必要があります。金商法では財務諸表のことを財務計算に関する書類（第193条），財務諸表等規則では財務書類（第1条）といいます。財務諸表等規則（会計処理および表示基準）に基づき作成される (1) 貸借対照表，(2) 損益計算書，(3) キャッシュ・フロー計算書，(4) 株主資本等変動計算書，(5) 附属明細表と企業会計基準第22号「連結財務諸表に関する会計基準」（会計処理および表示基準）に基づき作成される (1) 連結貸借対照表，(2) 連結損益計算書，(3) 連結キャッシュ・フロー計算書，(4) 連結株主資本等変動計算書，(5) 連結附属明細表があ

ります。この他，半期報告書に含まれる財務書類として中間貸借対照表および中間損益計算書があります。

> 金融商品取引法は，証券取引法，金融先物取引法，商品ファンド法，抵当証券法および信託法を一括したもので，2006年6月7日に参議院本会議を通過・成立しました（『証券取引法の一部を改正する法律　平成18年法律第65号』）。法改正の目的は，金融・資本市場を取り巻く環境の変化に対応し，投資家保護のための横断的法制を整備することで，利用者保護ルールの徹底と利用者利便の向上，「貯蓄から投資」に向けての市場機能の確保および金融・資本市場の国際化への対応にあります。

　会社法会計の目的は，債権者保護を基本に株主との利害調整を行うことです。会社法をその根拠法としています。会社法会計では株主への配当可能利益の計算を行いますが，配当により会社の資産が株主に流出することは債権者への支払能力が減じることになりますので，換金能力のない繰延資産の早期償却，評価益を配当可能限度額に含めないなど制限をし，債権者と株主の利害調整をしているのです。

　株式会社は，会社計算規則に基づいて計算書類と事業報告書および附属明細書（これらは計算書類等という）を作成する必要があります。計算書類は，貸借対照表，損益計算書，株主資本等変動計算書，個別注記表です。取締役または執行役は，毎決算期に計算書類等を作成して取締役会の承認を得なければなりません。大会社の場合，連結計算書類等も作成し，会計監査人（公認会計士など）の監査を受ける必要があります。

> 会社法では，資本の額が5億円以上または負債の合計額が200億円以上の会社を大会社，資本の額が1億円以上5億円未満，負債の合計額が200億円未満の会社を中会社，資本の額が1億円未満の会社を小会社といいます。

　法人税法にはその関係法令として法人税法施行令，同施行規則および租税特別措置法があり，その目的は公平・中立・簡素な課税制度の確立にあります。また，法人税法の対象となる法人は，内国法人と外国法人からなり，内国法人には

普通法人，協同組合等，公益法人等，人格のない社団等および公共法人があります。

　法人税法では，図表3-2のように，企業の当期純利益を出発点として法人税法の規定により加算・減算を行い課税所得が計算されます。内国法人は，各事業年度終了の日の翌日から2月以内に，税務署長に対し確定した決算に基づき申告書（確定申告書）を提出しなければなりません。これを，確定決算主義といいます。内国法人は，確定申告書の提出後，法人税を納付することになります。なお，確定申告書には，貸借対照表，損益計算書，損益金の処分表，貸借対照表および損益計算書に係る勘定科目内訳書および資本積立金の増減明細表を添付します。また，会計年度が6カ月を超える会社は，その年度開始後6カ月を経過した日から2カ月以内に税務署長に対し中間申告書を提出し，前年度法人税額の2分の1の税金を納付する（前期の実績による中間申告）か，6カ月を一事業年度として仮決算を行い，法人税額を計算して納付しなければなりません（仮決算による中間申告）。

図表3-2　法人税の納付税額計算のプロセス

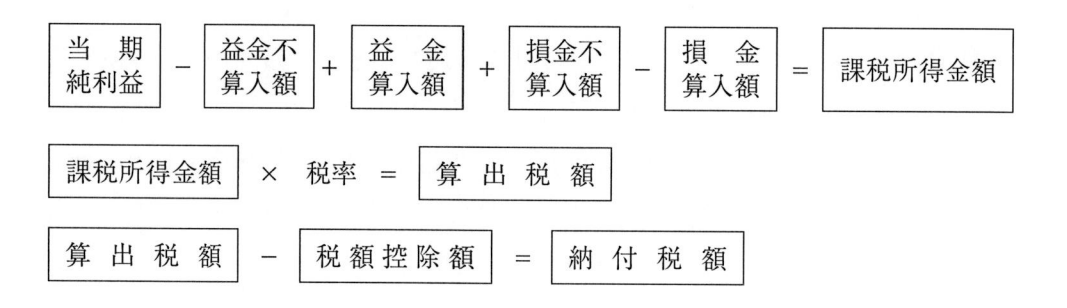

当期純利益 － 益金不算入額 ＋ 益金算入額 ＋ 損金不算入額 － 損金算入額 ＝ 課税所得金額

課税所得金額 × 税率 ＝ 算出税額

算出税額 － 税額控除額 ＝ 納付税額

　益金不算入とは，当期純利益では収益となっていますが税法上益金に算入されないものです。例えば，受取配当等があります。益金算入とは，当期純利益では収益となっていませんが税法上益金に算入されるものです。例えば，特定外国子会社等の留保金額があります。

　損金不算入とは，当期純利益では費用となっていますが税法上費用に算入されないものです。例えば，減価償却額超過額，引当金繰入限度超過額，過大な役員給与，寄付金，交際費および法人税等があります。損金算入とは，当期純利益では損金となっていませんが税法上損金に算入されるものです。例えば，収用等の

所得の特別控除額および繰越欠損金があります。

　税率は，中小法人が所得金額が800万円超の場合25.5％，所得金額が800万円以下の場合15％，中小法人以外の法人の場合25.5％です（平成24年4月1日から平成27年3月31日までの間に開始する事業年度）。

> 　当期純利益2億5,000万円，法人税等6,000万円，交際費500万円，減価償却額超過額200万円，貸倒引当金繰入限度超過額150万円がある場合，課税所得金額はいくらになりますか。なお，当社の資本金は50億円です。

　課税所得金額は，当期純利益2億5,000万円＋（交際費500万円＋減価償却額超過額200万円＋貸倒引当金繰入限度超過額150万円）＋法人税等6,000万円＝3億1,850万円になります。

　交際費は，現行税法では中小企業（資本金1億円以下）に限り一定額の損金算入が認められます。新聞報道によると，大企業にも交際費の損金算入を認めようという動きがあるそうです（2013年10月）。

ステップ2

　われわれは，会社といえば株式会社を思い浮かべますが，図表3-3のように合名，合資，合同および株式会社があります。これらは法人税法の適用を受け，大会社を除き「中小会計指針」および「中小会計要領」の適用会社と考えられます。

図表3-3　会社の種類とその特徴

種類	合名会社	合資会社	合同会社	株式会社
出資者の責任	無限責任	一部有限責任，残り無限責任	有限責任	有限責任
出資者の人数	1名以上	有限・無限各1名以上	1名以上	
出資内容	労働出資・信用出資	金銭出資・現物出資のみ可能	
持株譲渡	他出資者の全員の承認が必要	原則として自由		

（出所）桜井久勝・須田一幸『財務・会計入門［第8版］』有斐閣，2011年，49頁を一部修正。

わが国において株式会社は約260万社あるといわれています。この多さは先進国において例をみません。なぜわが国ではこのように株式会社が多いのでしょうか。株式会社の法律上のメリットには，(1) 資金が集めやすい，(2) 有限責任の特典があるなどがあります。税制上のメリットには，(1) 法人税は割安，(2) 所得を分散して節税が可能，(3) 必要経費を活用しやすい，さらに実際面でのメリットには，(1) 世間での信用が得やすい，(2) 取引を有利に展開できる，(3) 人材を集めやすいことがあげられるようです。

有限責任は，会社が倒産しても株主の出資分だけ責任を負えばよく，個人の財産を提供する必要はないというものですが，中小企業では一般に銀行から借り入れを行う際に経営者が個人保証を求められるので，有限責任のメリットはありま

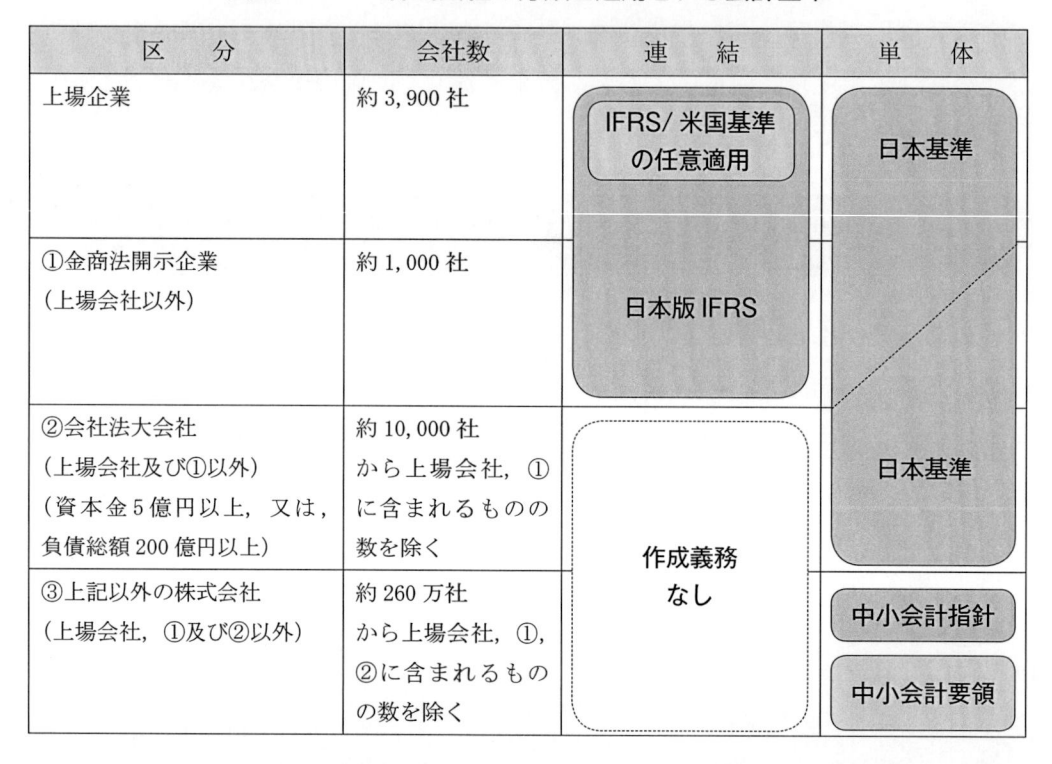

図表3-4　株式会社の分類と適用される会計基準

区　分	会社数	連　結	単　体
上場企業	約3,900社	IFRS/米国基準の任意適用	日本基準
①金商法開示企業（上場会社以外）	約1,000社	日本版IFRS	
②会社法大会社（上場会社及び①以外）（資本金5億円以上，又は，負債総額200億円以上）	約10,000社から上場会社，①に含まれるものの数を除く	作成義務なし	日本基準
③上記以外の株式会社（上場会社，①及び②以外）	約260万社から上場会社，①，②に含まれるものの数を除く		中小会計指針　中小会計要領

(注) 2010年3月26日の企業会計審議会総会の資料を基に作成。なお，2013年に企業会計審議会は，上場企業に対するIFRSの強制適用を当面見送る方針を決定した。その代わりに，金融庁は日本基準とIFRSの折衷案となる新たな会計基準（日本版IFRS）を作成する。これにより，日本基準，日本版IFRS，米国基準およびIFRSの複数の基準が並存することになる（『日本経済新聞』2013年6月19日朝刊）。なお，米国基準およびIFRSは，任意適用である。
(出所)「非上場会社の会計基準に関する懇談会　報告書」(2010年8月30日) を一部修正。

せん。わが国で株式会社がこれほど多いのは，税法上のメリットや実際上のメリットによるものでしょう。個人企業であれば所得税法の適用を受け，所得が増加すればするほど税率が高くなる累進課税が適用され，必要経費に制限があります。法人税法は比例税率で損金も会社の裁量により計上できます。

会計の話に戻しますと，株式会社は図表3-4のように4種類に分類されそれぞれ適用される会計基準が異なります。

③の中小企業のために2005年8月に「中小企業の会計に関する指針」（「中小会計指針」）が制定されましたが，ハードルが高いということで約3,000社が採用するにすぎず，広く普及していないことから，2012年2月に「中小企業の会計に関する要領」（「中小会計要領」）が制定されました。これらの株式会社に対する会計基準などの金商法，会社法および法人税法の現行企業会計制度の体系は，図表3-5のとおりです。

会社法は，「株式会社の会計は一般に公正妥当と認められる企業会計の慣行に従うものとする」（会社法第431条），会社計算規則は，「この省令の用語の解釈及

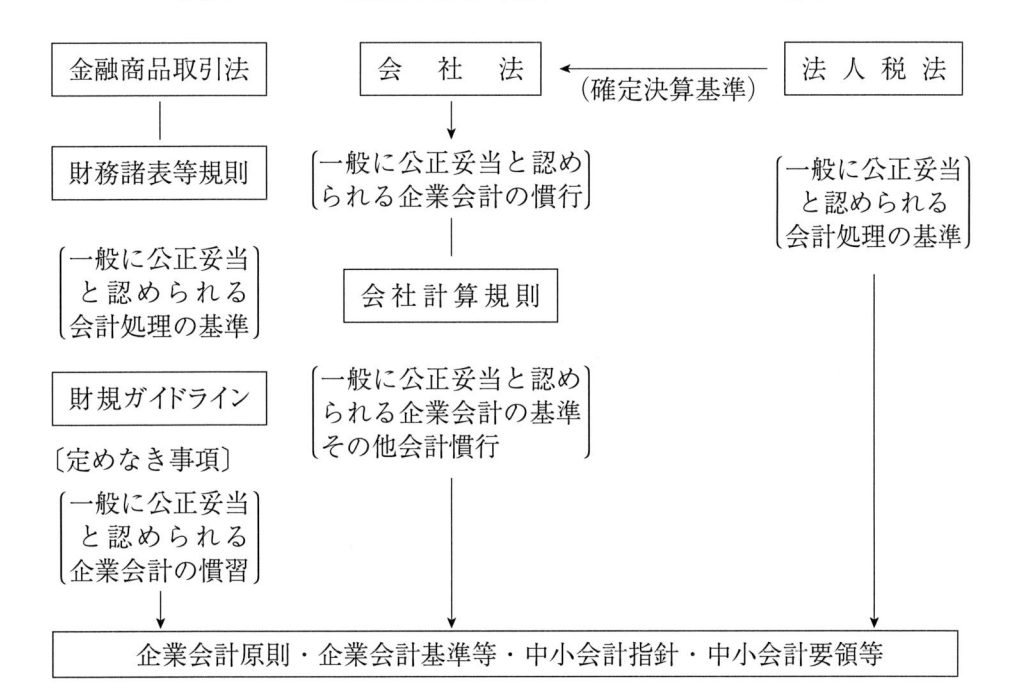

図表3-5　現行企業会計制度のフレームワークの体系

```
┌──────────┐      ┌──────────┐         ┌──────────┐
│金融商品取引法│      │  会 社 法 │←(確定決算基準)│ 法 人 税 法 │
└─────┬────┘      └─────┬────┘         └─────┬────┘
      │                 │                       │
┌─────┴────┐     ┌─────┴────────┐      ┌─────┴──────┐
│財務諸表等規則│     │一般に公正妥当と認め│      │一般に公正妥当│
└─────┬────┘     │られる企業会計の慣行│      │と認められる  │
      │           └──────────────┘      │会計処理の基準│
┌─────┴─────┐         │                └──────┬─────┘
│一般に公正妥当 │    ┌────┴─────┐                │
│と認められる   │    │会社計算規則│                │
│会計処理の基準 │    └────┬─────┘                │
└─────┬─────┘         │                       │
      │           ┌─────┴────────┐              │
┌─────┴────┐     │一般に公正妥当と認め│              │
│財規ガイドライン│     │られる企業会計の基準│              │
└─────┬────┘     │その他会計慣行     │              │
〔定めなき事項〕   └──────────────┘              │
      │                                           │
┌─────┴─────┐                                    │
│一般に公正妥当 │                                    │
│と認められる   │                                    │
│企業会計の慣習 │                                    │
└─────┬─────┘                                    │
      │                                           │
      ▼                                           ▼
┌──────────────────────────────────────────────┐
│企業会計原則・企業会計基準等・中小会計指針・中小会計要領等│
└──────────────────────────────────────────────┘
```

（出所）広瀬義州稿「第2章　現行企業会計制度のフレームワーク」（末政芳信編著『現代財務会計の視点―現状と課題―』同文館，1997年，23頁）を加筆修正。

び規定の適用に関しては，一般に公正妥当と認められる企業会計の基準その他企業会計の慣行を斟酌しなければならない」（会社計算規則第3条），と規定しています。これは，会計規定について独自の規定を設けるのではなく，企業会計の慣行を斟酌して解釈し，適用すべきことを示しているのです。ここで，企業会計の基準その他企業会計の慣行とは，「企業会計原則」，企業会計基準委員会の公表する「企業会計基準」，「中小会計指針」および「中小会計要領」などを指すものと考えられます。ただ，企業会計の慣行を斟酌するといっても，会社法には，分配可能利益，資本金の額，準備金の額などに関して独自の規定があり，制約を受けます。企業会計の基準や企業の会計慣行は，金商法や法人税法第22条の「一般に公正妥当と認められる会計処理の基準」とも関連します。

「中小会計要領」の利用が想定される会社は，金商法において一般に公正妥当と認められる「企業会計基準」などや「中小会計指針」に基づいて計算書類等を作成することができます。「中小会計要領」で示していない会計処理の方法が必要になった場合には，企業の実態などに応じて，「企業会計基準」，「中小会計指針」，法人税法で定める処理のうち会計上適当と認められる処理，その他一般に公正妥当と認められる企業会計の慣行の中から選択して適用します。

「中小会計指針」は，公正価値測定および貸借対照表重視を特徴とする大企業向け企業会計基準を中小企業向けに簡素化したもので，「高度かつ複雑である」，「中小企業の商慣行や会計慣行の実態に即していない」などの批判がなされています。このことが「中小会計指針」が普及しない理由と考えられ，より中小企業に適応した「中小会計要領」が制定されました。また，「中小会計指針」は，IFRSの改訂にともなう企業会計基準の改訂に対応して毎年改訂されています。これに対して，「中小会計要領」は，「安定的かつ継続利用の観点から，IFRSの影響を受け」ないので毎年改訂する必要はなく，「中小企業の会計慣行に応じ，適宜改訂する。」としています。

「中小会計要領」各論は，図表3-6のような構造になっており，原則として取得原価主義および費用収益対応の原則を中心とする収益費用アプローチを採る「企業会計原則」などを中小企業の実態に合わせて簡素化したものです。これに，有価証券などに時価主義を加えています。

中小企業庁は，日本政策金融公庫による「中小会計要領」の適用・活用企業に対する金利優遇制度を創設・拡充，金融庁による監督指針・金融検査マニュアル

図表3-6 「中小会計要領」各論の構造

```
┌─────────────────────────────────────────┐
│         収益，費用の基本的な会計処理              │
└─────────────────────────────────────────┘
                    ⇓
┌──────────────────────────────────┐ ┌──┐
│     資産，負債の基本的な会計処理          │ │純│
├──────────────────────────────────┤ │  │
│  金銭債権及び金銭債務    固 定 資 産      │ │資│
│  貸倒損失，貸倒引当金    繰 延 資 産      │ │  │
│  有 価 証 券         リ ー ス 取 引    │ │産│
│  棚 卸 資 産         引 当 金         │ │  │
│  経 過 勘 定         外 貨 建 取 引 等  │ │  │
└──────────────────────────────────┘ └──┘
┌─────────────────────────────────────────┐
│                  注   記                 │
└─────────────────────────────────────────┘
```

において，金融機関が顧客企業に対して助言するにあたり「中小会計要領」の活用を促していくことが有効であり，中小企業庁による法律に基づく経営革新計画などの認定にあたり，「中小会計要領」に従った計算書類の提出を慫慂(しょうよう)するとともに，補助金採択にあたっては，「中小会計要領」にしたがった計算書類の提出があった場合には一定の評価を行うことをあげています。

演習問題

問1 次の（ ）に適当な用語を語群より選び，記号を記入しなさい。

(1) 上場企業などは，金融商品取引法に基づいて（①）を（②）に提出する。
(2) 有価証券報告書の損益計算書および貸借対照表は，企業会計原則および（③）に基づいて作成される。
(3) 株式会社は，計算書類を（④）に提出しなければならない。
(4) 会社法上の貸借対照表および損益計算書は，（⑤）に基づいて作成される。

【語群】
   a. 株主総会　b. 総理大臣　c. 財務諸表等規則　d. 有価証券報告書
   e. 会社計算規則

①	②	③	④	⑤

問2　次の（　）に適当な用語および数値を記入しなさい。

種　類	合名会社	合資会社	合同会社	株式会社
出資者の責任	（①）責任	一部（②）責任,残り（①）責任	（②）責任	有限責任
出資者の人数	（③）名以上	有限・無限各1名以上	（③）名以上	
出　資　内　容	（④）出資・信用出資		金銭出資・（⑤）出資のみ可能	
持　株　譲　渡	他出資者の全員の承認が必要			原則として自由

①	②	③	④	⑤

問3　法人税の課税所得金額は，☐－☐＋☐＋☐－☐　で求める。

プレ演習問題の解答

問1	①	問2	①	問3	①	問4	②	問5	①

　「中小会計要領」については，山下壽文『要説新中小企業会計基本要領―中小企業版IFRSとの比較・会計処理のポイント』同友館，2013年を参考にしてください。

レッスン 4

わが国の会計基準（原則）のしくみ

プレ演習問題
Pre-Exercise

問1　「企業会計原則」は，原則として　　　　　主義により評価を行い，費用は発生主義，収益は実現主義，さらに費用収益対応の原則により期間損益を計算する。
　① 時価　　② 取得原価　　③ 低価

問2　「企業会計原則」は，企業会計の実務の中に　　　　　として発達したものの中から，一般に公正妥当と認められたところを要約したものである。
　① 慣習　　② 法則　　③ 原則

問3　企業会計基準委員会は，「企業会計基準」，「企業会計基準　　　　　」および「実務対応報告」を公表している。
　① 実務指針　　② 適用指針　　③ 応用指針

問4　企業会計基準委員会は，　　　　　といわれ，独立性をもって透明で品質の高い会計基準を設定することを目的として設立された。
　① パブリックセクター　　② プライベートセクター
　③ コンプライアンスセクター

問5　会計基準委員会は，13人の委員により構成され，うち　　人が常勤であり，残りは非常勤である。
　① 2　　② 3　　③ 4

本レッスンでは,「企業会計原則」および「企業会計基準」の設定主体,構成および特徴について学習します。

ステップ1

「企業会計原則」は,1949年に経済安定本部・企業会計制度対策調査会（現企業会計審議会）の中間報告として公表されました。その前文は,「企業会計の実務の中に慣習として発達したもののなかから,一般に公正妥当と認められたところを要約したもの」と述べています。これについて,「本文の内容は決して日本の企業会計の実務の中に慣習として発達したものばかりではなく,むしろ重要な部分はアメリカの会計原則を採り入れたものであった。」という見解があります。アメリカの会計原則とは,「SHM会計原則」[1]です。これに対しては,特定の外国の会計原則を取り入れたものではなく,当時のわが国の会計学者などが英知を絞って設定したわが国独自のものであるという反論があります。

「企業会計原則」は,1949年中間報告公表後,1954年,1963年,1974年,1982年に修正されています。1974年の修正までは,実践・指導規範としての役割を果たしてきましたが,それ以後は商法の会計規定に合わせ実践規範として修正され,指導規範としての役割を失うことになりました。そこで,企業会計原則不用論や企業会計原則規範再構成論などが主張されることになりましたが,プライベートセクターである企業会計基準委員会の設立により,パブリックセクターである企業会計審議会の歴史的使命が尽きようとしています。

現在,企業会計審議会は,金融庁に置かれています。その任務は,「企業会計の基準及び監査基準の設定,原価計算の統一その他企業会計制度の整備改善について調査審議し,その結果を内閣総理大臣,金融庁長官又は関係各行政機関に対して報告し,又は建議する。」（金融庁組織令,第24条第2項）ことです。企業会計審議会は,企画調整部会,内部統制部会および監査部会の3つの部会により構成されています。

「企業会計原則」は,図表4-1のように一般原則,損益計算書原則および貸借対照表原則によって構成されています。一般原則は,企業会計全般に対する基本的包括原則であり,損益計算書原則および貸借対照表原則は,損益計算書と貸借対照表を作成し伝達するための具体的会計処理や報告を行う基準です。

図表4-1 「企業会計原則」の構成

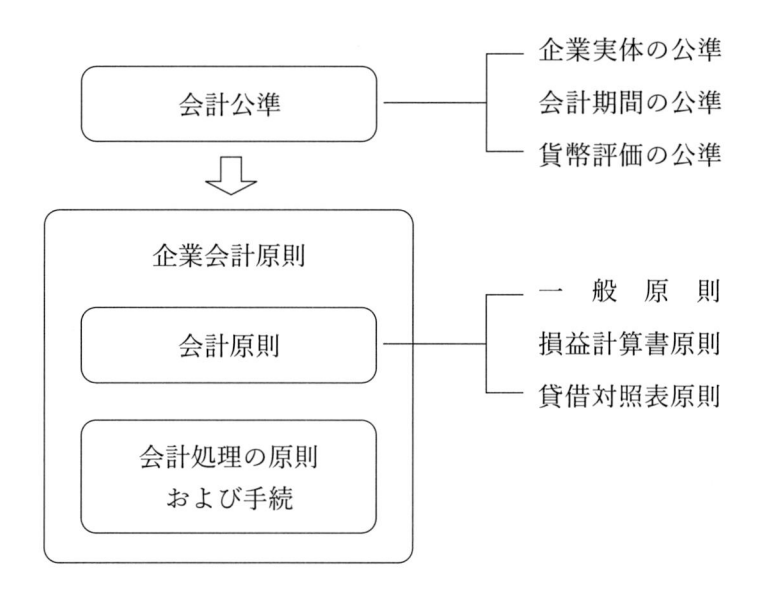

```
                        ┌─ 企業実体の公準
      ┌─────────┐      │
      │ 会計公準 │──────┼─ 会計期間の公準
      └─────────┘      │
            │          └─ 貨幣評価の公準
            ▼
  ┌─────────────────────┐
  │    企業会計原則      │
  │  ┌─────────────┐    │    ┌─ 一 般 原 則
  │  │  会計原則   │────┼────┼─ 損益計算書原則
  │  └─────────────┘    │    └─ 貸借対照表原則
  │  ┌─────────────┐    │
  │  │ 会計処理の原則 │  │
  │  │ および手続   │    │
  │  └─────────────┘    │
  └─────────────────────┘
```

　会計公準には，店と家計（会社と株主）を区別して会計を行うという企業実体の公準，一定の会計期間に区切って会計を行う会計期間（継続企業）の公準，貨幣単位で評価するという貨幣評価の公準があります。これらを基本的な仮定として，一般原則に基づき発生主義，実現主義，費用収益対応の原則および費用配分の原則などの会計原則を設定し，それらに基づき会計処理の原則や手続が決定されます。例えば，会計期間の公準から費用配分の原則が，費用配分の原則から減価償却の会計処理・手続が導き出されるのです。

　一般原則には，図表4-2のように7つがあります。真実性の原則は，会計期間を人為的に区切って会計を行うことから，その処理は見積りと判断をともない，絶対的真実ではなく相対的真実をあらわすといわれています。真実性の原則は，記録の原則としての正規の簿記の原則，処理の原則としての資本取引と損益取引の区分の原則（剰余金区分の原則），明瞭性の原則，保守主義の原則，および単一性の原則にしたがうことにより保証されます。重要性の原則は，正規の簿記の原則および明瞭性の原則の例外規定として『企業会計原則』の注解注1に掲げられています。

図表4-2 「企業会計原則」一般原則

真実性の原則	企業会計は，企業の財政状態及び経営成績に関して，真実な報告を提供するものでなければならない。
正規の簿記の原則	企業会計は，すべての取引につき，正規の簿記の原則に従って，正確な会計帳簿を作成しなければならない。
資本取引と損益取引の区分の原則	資本取引と損益取引は明瞭に区別しなければならない。
明瞭性の原則	企業会計は，財務諸表によって，利害関係者に対し必要な会計事実を明瞭に表示し，企業の状況に関する判断を誤らせないようにしなければならない。
継続性の原則	企業会計は，その処理の原則及び手続きを毎期継続して適用し，みだりにこれを変更してはならない。
保守主義の原則	企業の財政に不利な影響を及ぼす可能性がある場合には，これに備えて適当に健全な会計処理をしなければならない。
単一性の原則	株主総会提出のため，信用目的のため，租税目的のため等種々の目的のために異なる形式の財務諸表を作成する必要がある場合，それらの内容は，信頼しうる会計記録に基づいて作成されたものであって，政策の考慮のために事実の真実な表示をゆがめてはならない。
重要性の原則	企業会計の目的は，企業の財務内容を明らかにし，企業の経営状況に関する利害関係者の判断を誤らせないようにすることにある。このため，重要性の乏しいものについては，本来の会計処理によらないで，他の簡便な方法により処理することも認められる。

　「企業会計原則」の特徴は，取得原価主義を原則として，費用は発生主義，収益は実現主義さらに費用収益対応の原則により期間損益を計算することにあります。これらを軸とするわが国の制度会計は，図表4-3のようにアングロアメリカン会計システムではなく，フランコジャーマン会計システムを形作っていました。

図表4－3　アングロアメリカン会計システムとフランコジャーマン会計システムの比較

アングロアメリカン会計システム	フランコジャーマン会計システム
背　　景	
「英国」コモン・ロー	ローマ法
一般的な会計の諸要素	
公正	法律
株主への適応	債権者への適応
開示	秘密
別個のルール	税の支配
形式より実質	実質より形式
専門家による基準	政府のルール
具体的な会計の諸要素	
耐用年数にわたる減価償却	税のルールによる減価償却
法定準備金なし	法定準備金
秘密積立金の禁止	秘密積立金
引当金は法律により帰納されない	引当金は法律により帰納される
一部の国々の例	
英国　アイルランド　米国　カナダ　オランダ　オーストラリア　ニュージーランド　香港　シンガポール　デンマーク	フランス　ドイツ　オーストリア　スウェーデン　スペイン　イタリア　ポルトガル　日本　ベルギー　ギリシャ

(出所) David Alexander and Christpher Nobes, *A European Introduction to Financial Accounting*, Prentice Hall, 1994, p.83.（小津稚加子・山口圭子共訳『欧州会計』白桃書房, 1998年, 78頁）より一部抜粋して作成。

ステップ２

　IASBおよび米国などの民間会計基準設定主体の動向に鑑み，わが国においても，図表４－４のような公益財団法人財務会計基準機構が2001年8月7日に発足し，企業会計基準委員会が設立されました。企業会計基準委員会は，13人の委員により構成され，うち3人が常勤であり，残りは非常勤です。この他，委員の下には，専門研究員などが配置されています。

民間基準設定主体が強制力を有する会計基準を設定していくためには，政府機関からの基準設定権限の付与が必要となります。さらに，透明かつ質の高い会計基準設定のためには優秀な人材が必要であり，委員には独立性かつ中立性が要求されます。つまり，優秀な人材や独立性の確保のためにはヒモ付きでない十分な運営資金の確保が必要です。また，透明かつ質の高い会計基準設定のためにはデュープロセス（正規の手続）が機能しなければなりません。企業会計基準委員会は，企業会計審議会と並存することになりますが，公表された企業会計基準は財務諸表等規則により認められ，その存在が権威づけられています。しかし，資金集めが難航していること，委員のうち常勤が3名と少ないこと，委員の独立性の問題など，IASBに比べると課題が多いように思われます。

図表4－4　公益財団法人財務会計基準機構の組織図

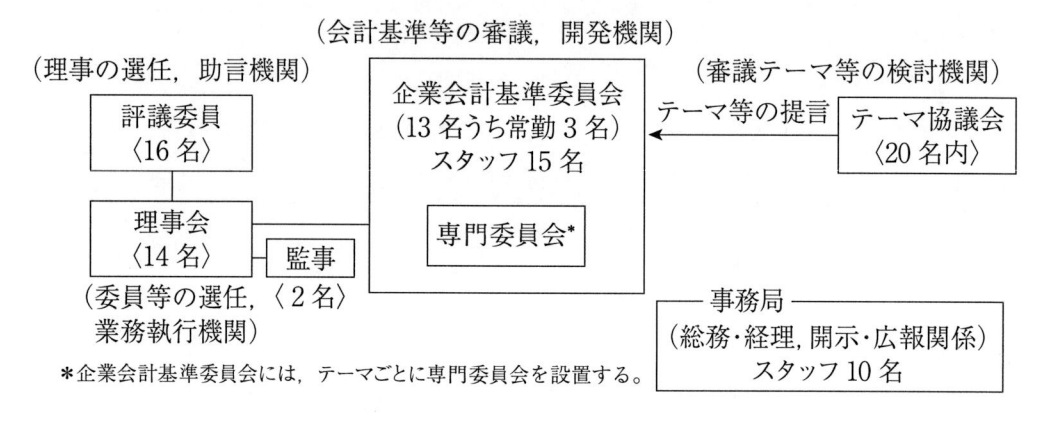

（会計基準等の審議，開発機関）

（理事の選任，助言機関）　　　　　　　　　　　　　　　（審議テーマ等の検討機関）

評議委員〈16名〉

企業会計基準委員会（13名うち常勤3名）スタッフ15名　←テーマ等の提言　テーマ協議会〈20名内〉

専門委員会＊

理事会〈14名〉　―　監事〈2名〉

（委員等の選任，業務執行機関）

事務局（総務・経理，開示・広報関係）スタッフ10名

＊企業会計基準委員会には，テーマごとに専門委員会を設置する。

（出所）公益財団法人財務会計基準機構資料。

なお，企業会計基準委員会は，デュープロセスを経て次の3つの会計基準などをこの名称を付した区分ごとに付番して公表します。

名　称	内　容
企業会計基準	会計処理および開示の基本となるルール
企業会計基準適用指針	基準の解釈や基準を実務に適用するときの指針
実務対応報告	基準がない分野についての当面の取扱いや，緊急性のある分野についての実務上の取扱いなど

企業会計基準の公表までのプロセスは，次のとおりです。第1に，専門委員会が論点整理（案）を起草したときは，これを委員会において審議し，委員現在数の5分の3以上の多数をもって議決します。議決された論点整理は速やかに公表し，一般からの意見聴取をします。第2に，専門委員会が公開草案（案）を起草したときは，委員会において上記と同様の手続を経て公開草案を公表し，一般からの意見聴取をします。最後に，専門委員会が企業会計基準（案）を起草したときは，委員会において上記と同様の手続を経て，会計基準などを公表します。なお，会計基準などの開発に際して，論点整理，公開草案は必ず作成するものとはされていませんが，公開草案は原則として作成し，論点整理は必要に応じて作成します。

　会計基準は，図表4-5のように財務報告の目的，会計情報の質的特徴，資産など各要素の定義，認識および測定属性を規定している概念フレームワークを基に設定されます。

図表4-5　概念フレームワークと会計基準

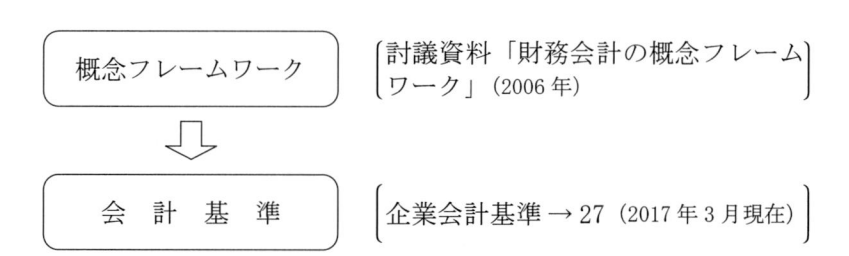

概念フレームワーク	討議資料「財務会計の概念フレームワーク」（2006年）
会　計　基　準	企業会計基準→27（2017年3月現在）

　IASBにおいて，概念フレームワークと会計基準が一致しない場合は会計基準が優先されます。わが国も同様であると考えられます。

　企業会計基準委員会の公表する企業会計基準は，IFRSとのコンバージェンスを行っており，とくに公正価値の適用を特徴としています。現行IFRSの公正価値の適用については，図表4-6のとおりです。これからわかるように，現状ではすべての資産，負債および資本が公正価値で測定されているわけではありません。

図表 4 − 6　現行 IFRS の公正価値の適用

		測定モデル	FV 利得 / 損失
FVを採用	金 融 資 産	償却原価または FV	損益または OCI
	棚 卸 資 産	LC および NRV（いくつかは FV）	損益
	有 形 固 定 資 産	FV	純損失なら損失，純利得なら OCI
	投 資 資 産	償却原価または FV	損益
	無 形 資 産	償却原価または FV	損益
	金 融 負 債	償却原価または FV	損益
その他の資産・負債		種々の測定方法	
持　　　　　分		残余	

(注) FV (Fair Value)：公正価値, LC (Lower of Cost)：低価格， NRV (Net Realizable Value)：正味実現可能価格, OCI (Other Comprehensive Income)：その他の包括利益
(出所) Irens M. Wiecek and Nicola M. Young, *IFRS PRIMER,* John Wiley & Sons, 2010, p.13 の図表をもとに作成。

　わが国においては，有形固定資産について原価モデルが適用されており，IFRSのように原価モデルと再評価モデルとの選択適用ではありません。この他，金融商品，投資資産，リース会計，減損会計および資産除去債務に公正価値による評価が適用されています。

　なお，わが国においても，企業会計基準委員会は「公正価値測定及びその開示に関する論点の整理」（2009 年 8 月）を公表し，IFRS 第 3 号「公正価値測定」のような公正価値測定導入を計画しています。これは，あらゆる資産や負債に公正価値を適用するのが目的ではなく，公正価値の定義や測定方法を明らかにするものです。

　最後に，「企業会計原則」との関係でいえば，売買目的有価証券の評価など「企業会計原則」と「企業会計基準」の評価方法が相違する場合は「企業会計基準」が優先します。つまり，時価評価を行います。

演習問題

問1 次の表の空欄を下記の語群から適当なものを選び，埋めなさい。

	アングロアメリカン会計システム	フランコジャーマン会計システム
背景	①	②
一般的な会計の諸要素	公正	法律
	（ ③ ）への適応	（ ④ ）への適応
	開示	秘密
	⑤	⑥
	（ ⑦ ）による基準	（ ⑧ ）の支配
国々の例	⑨	⑩

【語群】

a. コモン・ロー　b. ローマ法　c. 株主　d. 債権者　e. 形式より実質　f. 実質より形式　g. 専門家　h. 税　i. 英国，アイルランド，米国，カナダ，オランダ　j. フランス，ドイツ，スペイン，イタリア，日本

①	②	③	④	⑤
⑥	⑦	⑧	⑨	⑩

問2 次の文章のうち正しいものには○，誤っているものには×をつけなさい。

（1）企業会計基準委員会は，デュープロセスを経て企業会計基準，企業会計基準適用指針，実務対応報告を公表する。

（2）企業会計基準委員会は，13人の委員により構成され，うち3人が常勤であり，残りは非常勤である。この他，委員の下には，専門研究員などが配置されている。

（3）「企業会計原則」は，「企業会計の実務の中に慣習として発達したもののなかから，一般に公正妥当と認められたところを要約したもの」である。

（4）わが国においては，有形固定資産について原価モデルが適用されており，IFRSのように原価モデルと再評価モデルとの選択適用ではない。

（5）「企業会計原則」は，取得原価主義を原則として，費用は実現主義，収益は発生主義さらに費用収益対応の原則により期間損益を計算する。

（6）企業会計審議会は，企画調整部会，内部統制部会および監査部会の3つの部会により構成されている。

（7）費用配分の原則は，「企業会計原則」一般原則である。

（8）会計公準には，企業実体の公準，会計期間（継続企業）の公準および貨幣評価の公準がある。

（9）「企業会計原則」一般原則の真実性の原則は，絶対的真実を要求している。

（10）明瞭性の原則は，「企業会計原則」一般原則ではなく，注記の原則である。

(1)		(2)		(3)		(4)		(5)	
(6)		(7)		(8)		(9)		(10)	

プレ演習問題の解答

問1	②	問2	①	問3	②	問4	②	問5	②

レッスン5

貸借対照表のしくみ（1）
～基本構造～

プレ演習問題
Pre-Exercise

問1　売掛金や買掛金は，□□□□により流動資産および流動負債になる。
　　① 1年基準　　② 正常営業循環基準　　③ 流動・固定基準

問2　1年以内に支払期限の到来する長期借入金は，□□□□に分類される。
　　① 流動負債　　② 固定負債　　③ 純資産

問3　有形固定資産のうち土地を□□□□という。
　　① 非減価償却資産　　② 減価償却資産　　③ 投資資産

問4　企業の支払能力を示す指標を□□□□といい，200％以上が望ましい。
　　① 当座比率　　② 固定比率　　③ 流動比率

問5　不況抵抗力を示す指標を□□□□といい，高いほど望ましい。
　　① 自己資本比率　　② 長期固定適合比率　　③ 棚卸資産回転率

本レッスンでは，貸借対照表の基本構造を明らかにするとともに，その作成の基本原則，貸借対照表によって何がわかるのか，経営分析の指標について学習します。

ステップ１

　貸借対照表は，バランスシート（balance sheet : B/S）といわれますが，そのまま訳すと残高表になります。しかし，単なる残高表ではありません。それは，どこから資金を調達し具体的にどのように運用しているかという財政状態をあらわします。その基本構造は，図表５－１のとおりです。

図表５－１　貸借対照表

	総資産		
流動資産	流動負債	他人資本	総資本
固定資産	固定負債		
繰延資産	純資産	自己資本	

　負債や純資産は，どこから資金調達してきたか資金の源泉をあらわします。企業外部の銀行からの借入金は負債，企業内部の株主からの出資金は純資産といいます。これが，前者に対して他人資本，後者に対して自己資本という呼び名があるゆえんなのです。公式であらわすと，総資産＝総資本（他人資本＋自己資本）になります。

　まず，資産，負債および純資産の定義を簡単にしておきましょう。資産とは，「過去の取引または事象の結果として，報告主体が支配している経済的資源」です。報告主体というのは貸借対照表を作成する企業のことです。過去の取引または事象というのは問題ありませんね。将来の取引などは資産になりません。経済的資源は，有形および無形を問わず将来企業に現金などをもたらすものです。負債とは，「過去の取引または事象の結果として，報告主体が支配している経済的資源を放棄もしくは引き渡す義務，またはその同等物」で，経済的資源の放棄および引き渡す義務が負債の特徴といえるでしょう。純資産は，「資産と負債の差

額」です。詳しくは，レッスン6～8を参照してください。

ところで，貸借対照表を作成する基本原則に，(1) 流動と固定の分類，(2) 配列法，および (3) 評価基準があります。

(1) 流動と固定の分類

これには，①1年基準（ワン・イヤー・ルール）と②正常営業循環基準があります。1年基準は，1年内に現金が入ってくるかそれとも出ていくかにより，流動と固定に分類する基準です。例えば，普通預金などは流動資産，1年を超える耐用年数のある建物などは固定資産に，未払税金などは流動負債，返済期限が1年を超える社債などは固定負債になります。また，貸付金で1年以内に現金が入ってくるものは短期貸付金として流動資産，1年を超えて現金が入ってくるものは長期貸付金として固定資産，借入金で1年以内に現金が出ていくものは短期借入金として流動負債，1年を超えて現金が出ていくものは長期借入金として固定負債になります。それでは，社債や長期借入金で返済期限が1年以内になった場合どうなるのでしょうか。固定負債から流動負債に変わります。しかし，建物などの耐用年数が1年以内になっても固定資産のままです。

これに対して，正常営業循環基準は，製品の製造あるいは商品の購入から製品や商品の販売過程（営業循環）にあるものは，流動資産や流動負債とするものです。例えば，棚卸資産（商品や半製品など）や売掛金は，現金の入る予定が1年を超えても流動資産，買掛金は現金が出ていくのが1年を超えても流動負債になります。

(2) 配列法

配列法は，流動と固定のどちらから表示するかというもので，流動性配列法と固定性配列法があります。流動性配列法は流動資産 → 固定資産 → 繰延資産，流動負債 → 固定負債 → 純資産の順に表示する方法です。多くの一般事業会社は，流動性配列法です。これに対し，電力会社など固定資産の比重が大きい場合，固定性配列法を採用しています。この配列法は，固定資産 → 流動資産 → 繰延資産，固定負債 → 流動負債 → 純資産の順に表示します。

(3) 評価基準

　資産の評価は，原則として取得原価主義です。取得原価とは，購入代価に引取運賃などの付随費用を加算した金額です。さらに，売上債権（売掛金や受取手形）や貸付金は，債権金額から回収できない可能性のある貸倒見積額を控除して求めます。債権金額より高くあるいは低い金額で取得した場合，その差額は償却原価法で処理します。固定資産には，時の経過により価値が減少していく建物などの減価償却資産とそうではない土地などの非減価償却資産があります。減価償却資産は，取得原価から減価償却累計額を控除して求めます。のれんや繰延資産は，取得原価から償却額を控除して求めます。のれんは，企業を買収したりして生じる超過収益力といわれています。日本では，20年以内に償却をします。繰延資産には増資した場合の新株発行費などがあります。○○費なのに資産とは変な気がしますが，日本では費用として計上することを原則としていますが，資産として計上しある期間以内に費用として償却をすることを認めています。ただ，費用に計上できるのに資産として計上することは，それだけ利益を増やしたいということになりますので，そうしなければ利益を出せないのかと判断されます。そのためか，繰延資産を計上している企業は，ほとんど見受けられません。

　この他，取得原価主義の例外として商品などに低価基準が認められています。これは，時価が取得原価より低い場合に，その差額を評価損として切り下げます。また，売買目的有価証券やデリバティブなどの金融資産は，時価で評価します。この場合，評価益や評価損が生じます。詳しくは，レッスン6および7で学習します。

　負債は，債務金額により評価しますが，社債を額面金額より高くあるいは低い金額（発行価格）で取得した場合，その差額は償却原価法で処理します。
　償却原価法とは，額面金額と発行価額との差額をその償還期限にわたり増額あるいは減額する方法で，定額法と利息法があります。例えば，社債額面金額1,000万円，償還期限5年，発行価額980万円の場合，決算ごとに差額の20万円の $\frac{1年}{5年}$ である4万円を増額し5年後の償還時に社債の価額を1,000万円とする方法です（定額法）。利息法は，決算時に利息額を計算し計上するものです。詳しくは，レッスン12を参照してください。

ステップ2

　流動資産とか流動負債とかどうして分類するのでしょうか。流動資産には，現金，当座預金，普通預金，売買目的有価証券，売掛金，受取手形，短期貸付金および棚卸資産があります。流動負債には，買掛金，支払手形，未払税金および短期借入金があります。これらは，短期間に現金が入ってきたり出ていったりします。そこで流動比率というのを求めます。

$$流動比率（\%）=\frac{流動資産}{流動負債}\times 100$$

　この比率は，支払能力を示します。テキストには，200％が望ましいと書いてありますが，日本では150％あれば上出来です。業種によって違うので，注意する必要があります。短期間の現金の出入りなので，100％あれば良さそうに考えがちですが，流動資産には棚卸資産が含まれ，棚卸資産は必ず売れると限らないので，150％くらいが望ましいといわれています。
　そこで，流動資産を当座資産と棚卸資産に区分して，当座比率を求めます。当座資産は，上述の棚卸資産以外の流動資産です。

$$当座比率（\%）=\frac{当座資産}{流動負債}\times 100$$

　この比率は100％あれば申し分がありませんが，わが国では100％までいかないようです。ただ，流動比率と当座比率の差が大きいと保有している棚卸資産が多いということになります。売れる見込みがあれば問題ありませんが，売れ残って不良在庫になれば資金繰りに窮し，倒産ということになるかもしれません。
　次に，総資本に対する自己資本の割合を示すのが自己資本比率です。

$$自己資本比率=\frac{自己資本}{総資本}\times 100$$

　この比率が高ければ，不況抵抗力が強いといわれています。なぜなら，この比率が高いということは，自己資本が多いということで，不況になって利益が上が

らないと多額の配当金を支払わないで済むからです。したがって，資金繰りに窮するということはありません。この比率が低いということは負債が多いということで，借入金などは不況になって利益が上がらなくても，利息は支払わねばなりません（これを有利子負債といいます）から，資金繰りに窮し経営が傾く可能性があるわけです。この比率は，欧米では60％くらい，日本は20％から30％といわれています。

設備投資が健全かどうかを判断する指標を固定比率といいます。

$$固定比率 = \frac{固定資産}{自己資本} \times 100$$

設備投資は，自己資本の範囲内で行わないといけません。この比率が100％を超えると，借金をしなければならないのでマズイのです。もし設備投資に失敗（過剰投資）したら，収益を圧迫することになります。

ただし，固定資産は長期にわたり減価償却により少しずつ資金を回収できるので，設備投資のための資金調達に固定負債も含めようというのが固定長期適合率です。

$$固定長期適合率 = \frac{固定資産}{自己資本 + 固定負債} \times 100$$

この比率が100％を超えると，短期借入金などの流動負債で資金調達をすることになるので危険です。設備投資はすぐに現金にならないので，短期借入金が返済できなくなるからです。

演習問題

問1 次の（　）に適当な用語を入れなさい。
1. 貸借対照表は，大きく（①），（②）および（③）に分類される。（①）は，さらに（④）（⑤）および（⑥）からなる。（②）は，（⑦）および（⑧）に区分される。
2. 流動と固定の分類基準は，（⑨）および（⑩）による。
3. 資産，負債および純資産の配列には，（⑪）と（⑫）がある。

①	②	③
④	⑤	⑥
⑦	⑧	⑨
⑩	⑪	⑫

問2 次の（　）に適当な用語を語群より選び，記号を記入しなさい。

　資産の評価は，原則として（①）です。売上債権や貸付金は，（②）から（③）を控除して求めます。減価償却資産は，（④）から（⑤）を控除して求めます。取得原価主義の例外として商品などは（⑥）を採用し，売買目的有価証券やデリバティブなどの金融資産は，（⑦）で評価します。なお，負債は，（⑧）により評価します

【語群】
　a. 取得原価主義　b. 低価主義　c. 取得原価　d. 時価　e. 債権金額　f. 貸倒見積額
　g. 減価償却累計額　h. 債務金額

①	②	③	④	⑤	⑥	⑦	⑧

問3 次の貸借対照表により，財務比率を算出しなさい。

貸借対照表
（単位：万円）

流動資産	(30,000)	流動負債	(20,000)
現金預金	20,000	買掛金	5,000
売掛金	9,500	短期借入金	15,000
商品	500	固定負債	(30,000)
固定資産	(64,000)	長期借入金	30,000
機械装置	25,000		
建物	34,000	純資産	(50,000)
その他	5,000		
繰延資産	(6,000)		
資産合計	100,000	負債・純資産合計	100,000

財務比率	解 答 欄
流 動 比 率	
当 座 比 率	
固 定 比 率	
固定長期適合率	
自 己 資 本 比 率	

問4 次の貸借対照表によって，流動比率・当座比率・固定比率・自己資本比率を求めなさい。

貸借対照表
（単位：円）

現 金 預 金	300,000	買 掛 金	1,400,000
売 掛 金	1,600,000	短 期 借 入 金	600,000
有 価 証 券	400,000	社 債	1,000,000
商 品	700,000	資 本 金	3,000,000
建 物	2,400,000		
備 品	400,000		
土 地	200,000		

(1)	流動比率	%	(2)	当座比率	%
(3)	固定比率	%	(4)	自己資本比率	%

プレ演習問題の解答

| 問1 | ② | 問2 | ① | 問3 | ① | 問4 | ③ | 問5 | ① |

レッスン6

貸借対照表のしくみ（2）
～流動資産～

プレ演習問題
Pre-Exercise

問1　売掛金と受取手形を□□□□という。
　　① 貸付債権　　② 金銭債権　　③ 売上債権

問2　当座資産に□□□□は含まれない。
　　① 現金　　② 売買目的有価証券　　③ 棚卸資産

問3　貸付金は債権金額から□□□□を控除した金額が貸借対照表価額となる。
　　① 評価損　　② 貸倒引当金　　③ 償却額

問4　棚卸資産の評価は□□□□による。
　　① 低価主義　　② 原価主義　　③ 時価主義

問5　売買目的有価証券の評価は□□□□による。
　　① 低価　　② 原価　　③ 時価

本レッスンでは，流動資産である当座資産，棚卸資産およびその他の流動資産とは何か，これらの項目にどういうものがあるか，さらにこれらの項目の会計処理をいかに行うかを学習します。

ステップ1

　流動資産は短期に現金化する資産や費用化する資産で，当座資産，棚卸資産およびその他の流動資産に分類されます。当座資産など短期に現金化する資産を貨幣性資産，棚卸資産のように短期に費用（売上原価など）になる資産を非貨幣性資産あるいは費用性資産ということもあります。

$$
流動資産 \begin{cases} 当　座　資　産 \\ 棚　卸　資　産 \\ その他の流動資産 \end{cases}
$$

　当座資産は，次の現金と同等の資産および現金に換金される可能性の高い資産です。

現　金　預　金	通貨（紙幣，硬貨）の他に，いつでも金融機関で換金できる通貨代用証券，および1年以内に期限の到来する預金
売　　掛　　金	商品を売上げて，代金が未収
受　取　手　形	後日（満期日），券面に記載された金額を受け取る権利
売買目的有価証券	売買目的で保有する証券取引所に上場された株式など

　「現金預金，受取手形，売掛金及び貸付金等の金銭債権，株式その他の出資証券及び公社債等の有価証券並びに先物取引，先渡取引，オプション取引，スワップ取引及びこれらに類似する取引（「デリバティブ取引」という。）により生じる正味の債権等」は，金融資産ともいいます。これらは，評価に公正価値（時価）が採用されています。とくにデリバティブ取引には複雑な会計処理が要求されます。
　現金預金の預金には当座預金，普通預金などがあります。当座預金は小切手の振り出しや手形の決済に使用する利息の付かない預金です。預金は決算時に銀行から銀行残高証明書を取り寄せ，会社の預金の帳簿残高と銀行の預金残高を照合

する必要があります。これらの残高は，決算期前後において会社と銀行の預金口座の入出金にズレが生じるため，一致しないことが多いので，不一致の原因を調べ，一致させるために銀行勘定調整表を作成します。

売掛金と受取手形を売上債権といい，債権金額から貸倒見積額（貸倒引当金）を控除した金額を貸借対照表価額とします。なお，取得価額で計上した受取手形を取引金融機関などで割り引いたり，裏書きをして取引先に譲渡した場合は，貸借対照表に計上されず，貸借対照表上の受取手形は裏書手形および割引手形控除後の金額となります。経営者や金融機関が企業の資金繰り状況を見る上で，受取手形の割引額や裏書譲渡額の情報は重要ですので，受取手形割引額や受取手形裏書譲渡額は注記をします。

棚卸資産は，①通常の販売目的で所有する棚卸資産と②トレーディング目的で所有する棚卸資産に分類されます。通常の販売目的で所有する棚卸資産の代表的なものは，商品です。商品は，購入代価に引取運賃などの付随費用を加算して取得原価を算定します。この他，製造業では，原材料，仕掛品および製品があります。製品の製造原価は，実際原価の他適切な原価計算基準にしたがって予定価格や標準原価で算定した原価によることもできます。

その他の流動資産の主たる項目は，次のとおりです。

短期貸付金	金銭の貸付けにともなう債権，1年以内に回収予定
未収金	商品以外を売却し，代金が未収，1年以内に回収予定
未収収益	継続して役務を提供し期間は経過したが代金を未収，未収利息など
前払費用	継続して役務の提供を受け期間は未経過だが代金は支払い，前払利息，前払保険料など，支払期限が1年以内
繰延税金資産	税効果会計で生じた一時差異のうち1年以内の法人税の還付
破産更生債権	得意先が経営破綻または実質的に経営破綻に陥ると，通常の売上債権などが破産債権または更生債権に変わるが，これらの債権のうち1年以内に回収予定

その他の流動資産は，1年基準で流動資産と固定資産に分類されます。貸付金や破産更生債権は，貸倒見積額を控除したものが貸借対照表価額です。

ステップ２

　現金預金については，評価は問題になりません。売上債権は，債権金額より貸倒見積額（貸倒引当金）を控除した金額が貸借対照表価額となりますが，貸倒見積額の計算は図表６－１のとおりです。

図表６－１　貸倒見積高の計算方法

区　分	債権の内容	計　算　方　法
一般債権	経営状態に重大な問題のない将来の債権	債権全体か同種類の債権ごとに過去の貸倒実績率など合理的な基準により算定
貸倒懸念債権	経営破綻の状態には至っていないが，債務の弁済に重大な問題が生じているかまたは生じる可能性の高い債務者に対する債権，具体的には，債務の返済が１年以上停滞している場合や元金および利息の一部を免除するなど返済条件の大幅な緩和を行っている場合	(1) 債権額から担保の処分見込額および保証による回収見込額を減額し，債務者の財務内容を基準に算定する（財務内容評価法） (2) 債権の元本および利息についてそれらの受け取りが見込まれるときから当期末までの期間にわたり，当初の約定利子率で割り引いた金額の総額と債権の帳簿価額との差額を貸倒見積額とする（キャッシュ・フロー見積法） (3) 簡便法として，貸倒懸念債権と認識した期に担保処分見込額等を除いた残高の50％を引き当て，次年度以降毎期見直すことが認められている
破産更生債権	経営破綻や実質的に経営破綻に陥っている債務者への債権	債権ごとに担保，保証などによる回収見込額を減額して算定

（出所）「金融商品に関する会計基準」第27項および第28項より作成。

　貸倒見積額の計算のケースを取り上げてみましょう。

　　Ａ社に対する売掛金500万円が１年以上返済がなされておらず，Ａ社からは担保（時価100万円）が提供されているが，それを控除し残額の70％は回収不能と判断した場合の貸倒見積額はいくらになるでしょうか。

　この場合，貸倒懸念債権に該当しますので，債務者の財務内容を基準に計算します。つまり，（500万円－100万円）×70％＝28万円となります。

図表6-2 貸倒れの可能性があるケースの会計処理

	ケース	会計処理
①	破産など，倒産手続きなどにより債権が法的に消滅	その消滅した金額を債権の計上額から直接減額するとともに，貸倒損失として費用に計上する
②	債務者の資産状況，支払能力などからみて債権が回収不能と見込まれる（債務者が相当期間債務超過の状態にあり，弁済できないことが明らかである）	回収不能と見込まれる金額を債権の計上額から直接減額するとともに，貸倒損失として費用に計上する
③	債務者の資産状況，支払能力などからみて債権が回収不能のおそれがある	回収不能と見込まれる金額で貸倒引当金を計上し，貸倒引当金繰入額を費用として計上する

なお，貸倒懸念債権のキャッシュ・フロー見積法は複雑な計算になりますので，本書では取り上げません。

中小企業の場合，大企業のように複雑な計算はできませんので，「中小会計要領」では，貸倒れの可能性があるケースの会計処理として図表6-2のように簡便法が用いられています。

また，「中小会計要領」は，次の法人税法上の引当金額を見積る方法をあげています。

① 原　則

その事業年度終了時において有する一括評価金銭債権の帳簿額の合計額 × 貸倒実績率(注1)

② 特　例

[その事業年度終了時において有する一括評価金銭債権の帳簿額の合計額 − 実質的に債権の金額とみられない金額(注2)] × 法定割合(注3)

(注1) 貸倒実績率は次の算式により計算する。

$$\frac{\text{分母の各事業年度における貸倒損失の合計額} \times \frac{12}{\text{左の事業年度の月数合計}}}{\text{当期首前3年以内に開始する各事業年度末の一括評価金銭債務の合計額} \div \text{左の事業年度の数}} = 繰入率 \begin{pmatrix} \text{小数点4位未満} \\ \text{の端数切上げ} \end{pmatrix}$$

レッスン6　貸借対照表のしくみ（2）〜流動資産〜

(注2)「実質的に債権の金額とみられない金額」は，次の簡便率によって計算することが認められている。

期末貸金等の合計額 × 分母の期間における実質的に債権とみられないものの合計額 / 基準年度の各期末の貸金等の合計額 （小数点3位未満の端数切捨て） ＝ 実質的に債権とみられないものの額

(注3) 法定率は，次のとおりである。

主 た る 事 業	繰入率1,000分の
卸売及び小売業（飲食店業，料理店を含む。）	10
割賦販売小売業（信用購入あっせん業を含む。）	13
製造業（電気業，ガス業，熱供給業，水道業，修理業を含む。）いわゆる製造問屋も該当する。	8
金融業及び保険業	3
その他の事業	6

> 次の資料により，当社（卸売業）の当期の貸倒見積額はいくらになるでしょうか。
> (1) 期末債権の金額　6,500,000円
> (2) 実質的に債権とみられない額　2,250,000円
> (3) 当社の当期開始日前5年以内に開始した各事業年度において回収不能となった金銭債権の額はない。

貸倒見積額の算定は次のとおりです。

$$(6,500,000円 - 2,250,000円) \times \frac{10}{1,000} = 425,000円$$

なお，過去3年間において貸倒れの事実がないので，実績繰入率による繰入額は0になります。

法人税法上，貸倒引当金を見積ることができるのは，金融機関など一部の法人を除き中小法人（資本金1億円以下の法人）のみです。なお，貸倒引当金の貸借対照表上の表示については，本書の巻末資料に一括控除法による例示を掲げていま

す。参考にしてください。この他，貸倒引当金の表示には金銭債権ごとに貸倒引当金を控除する方法や注記で示す方法があります。

　売上債権や貸付金を債権金額より高い金額または低い金額で買い取ることがあります。この場合，取得価額と債権金額との差額の性格が金利の調整と認められるとき，債権の評価額は償却原価法に基づいて計算された価額から貸倒引当金を控除した金額となります。ここで，償却原価法とは，債権を債権金額より低い価格または高い価格で取得した場合，当該差額に相当する金額を弁済期に至るまで毎期一定の方法で貸借対照表価額に加減する方法をいいます。なお，償却原価法による加減額は，受取利息または支払利息に含めて処理します。償却原価法には，(1) 当該差額を弁済期間で除して毎期差額を計上する定額法，(2) 貨幣の時間的価値を考慮する利息法（実効利回り法）があり，利息法が望ましいとされます。しかし，「中小会計要領」は定額法によるとしています。例えば，売上債権100万円を80万円で取得した場合，差額の20万円は受取利息となります。弁済期間が数期にまたがる場合，受取利息を各決算期に按分します。弁済期間が1年で今期6カ月，次期6カ月とすれば受取利息は10万円ずつ計上します。逆に売上債権100万円を120万円で取得した場合（このような例はあまりないと思いますが），差額の20万円は支払利息となります。後の処理は債権金額が取得原価より低い場合と同じです。これは定額法による処理ですが，利息法による場合は計算が複雑になりますので，ここでは取り上げません。

　有価証券の種類，貸借対照表価額および貸借対照表上の表示は，図表6-3のとおりです。

　ここでは，売買目的有価証券の時価基準についてだけ説明しておきます。例え

図表6-3　有価証券の種類，貸借対照表価額および貸借対照表上の表示

種　　　　　類		貸借対照表価額	貸借対照表上の表示
売買目的有価証券		時価	流動資産
満期保有目的債券		償却原価（取得原価）	投資その他の資産
子会社株式および関連会社株式		取得原価（実価法）	投資その他の資産
その他有価証券	市場価格あり	時価	投資その他の資産
	市場価格なし	取得原価（債券 → 償却原価）	投資その他の資産

ば，証券市場で売買目的のためある会社の株式を250万円で購入したとしましょう。これが決算期末に200万円に値下がりしたら，差額の50万円は有価証券評価損として営業外費用となります。逆に300万円に値上がりしたら，差額の50万円は有価証券評価益として営業外収益となります。

棚卸資産の評価について，通常の販売目的で所有する棚卸資産は，取得原価をもって貸借対照表価額としますが，期末における正味売却価額（正味実現可能価額ともいい，予想売価から販売に直接要する見積費用を控除した額です）が取得原価よりも下落している場合には，正味売却価額をもって貸借対照表価額とし，その差額は当期の費用（商品評価損）として処理します。これを低価基準といいます。これに対して，トレーディング目的で所有する棚卸資産は，市場価格に基づく価額をもって貸借対照表価額とし，帳簿価額との差額は当期の損益として処理します。

棚卸資産の払出単価（売上原価）の計算方法には，次のような方法があります。

(1) 個別法——棚卸商品の購入単価は，そのつど異なるので単価の異なるごとに資産を区別して管理する方法です。宝石などの高額商品に適用します。
(2) 先入先出法——先に受入れた棚卸商品を先に払出すと仮定して払出単価を決定する方法です。したがって，売上原価は古い単価のものから算出され，期末棚卸高は新しい単価のもので構成されることになります。
(3) 平均原価法——払出単価を購入単価の異なるごとに区別せずに平均単価で計算する方法です。これには，移動平均法，総平均法および単純平均法があります。

この他，最終仕入単価で売上原価を計算する最終仕入原価法があります。

ある商品を単価100円で1,000個購入し，さらに次の日に同じ商品を単価110円で2,000個購入したとしましょう。この商品を1個150円で2,000個つまり300,000円で販売したとしたら粗利（売上総利益）はいくらでしょうか。

先入先出法では，売上原価は（単価100円×1,000個＋単価110円×1,000個）で210,000円になります。したがって，粗利は300,000円－210,000円で90,000円となります。ついでに売れ残った商品は単価（単価110円×1,000個）

の110,000円です。

次に，移動平均法で売上原価を計算すると，単価が（100,000円＋220,000円）÷3,000個の107円（円未満四捨五入）になります。したがって，売上原価は（単価107円×2,000個）の214,000円となり，粗利は86,000円です。売れ残った商品は総仕入高320,000円－売上原価214,000円の106,000円です。

このように，先入先出法などを用いて帳簿上で売上原価を計算する方法を継続記録法，期末に倉庫で売れ残った商品を実地棚卸し，期首商品棚卸高＋当期商品仕入高－期末商品棚卸高＝売上原価の公式を用いて計算する方法を棚卸法といいます。この2つの方法で計算した売上原価は原則として一致しますが，倉庫の商品が盗難にあったり，破損したり陳腐化した商品などを損失に計上すると一致しなくなります。盗難や破損・陳腐化商品損失は，期末商品棚卸高から控除して売上原価を計算する必要があります。そうしないと売上原価が過少に計上され，その分粗利が過大に計上されることになります。

演習問題

問1 次の（1）～（5）のうち正しいものに○，誤っているものに×をつけなさい。
(1) 金銭債権とは，現金預金，有価証券，売上債権および貸付金をいう。
(2) 取得原価1,000円の棚卸資産の時価が1,200円に値下がりした場合，200円の評価益を計上する。
(3) 売上債権100万円を70万円で買い取った場合，債権金額と取得原価の差額30万円は受取利息となる。
(4) 受取手形は，受取手形割引額や受取手形裏書譲渡額を含めて貸借対照表に計上する。
(5) 会社の預金の帳簿残高と銀行の預金残高が一致しない場合，不一致の原因を調べ，一致させるために銀行勘定調整表を作成する。

(1)		(2)		(3)		(4)		(5)	

問2 次の資料から先入先出法および移動平均法による場合の粗利を計算しなさい。ただし，単価の計算で割り切れない場合は円未満四捨五入のこと。

4月1日　A商品 500 個を単価 200 円で仕入れた。
　　5日　A商品 700 個を単価 180 円で仕入れた。
　　8日　A商品 300 個を単価 220 円で仕入れた。
　　9日　A商品 300 個を販売単価 300 円で販売した。

| 先入先出法 | 60,000 円 | 移動平均法 | 58,400 円 |

[問3] 次の□の中に適当な用語を語群より選び，記号を記入しなさい。

棚卸資産は，通常の ① 目的で所有する棚卸資産と ② 目的で所有する棚卸資産に分類される。①の目的で所有する棚卸資産の代表的なものは， ③ である。③は，購入代価に引取運賃などの ④ を加算して ⑤ を計算する。

【語群】
　a. 販売　b. トレーディング　c. 商品　d. 付随費用　e. 製品　f. 取得原価　g. 間接費

| ① a | ② b | ③ c | ④ d | ⑤ f |

[問4] 滝澤株式会社は，得意先である高橋商会に対して売掛金 846,000 円を，また同様に，得意先である由井商会振出しの約束手形 600,000 円を所有している。ところが，当期中に高橋商会は破産法の適用会社となり，上記売掛金の 80％ が回収不能となった。また，由井商会も会社更生法の適用会社となり，上記約束手形のうち 60％ が切捨てとなった。なお，これらの債権残高についてはいずれも 1 年以内に回収されないことが明らかとなった。貸倒見積額，破産債権および更生債権はいくらか。

| 貸倒見積額 | 1,036,800 円 | 破産債権 | 846,000 円 | 更生債権 | 600,000 円 |

プレ演習問題の解答

| 問1 | ③ | 問2 | ③ | 問3 | ② | 問4 | ① | 問5 | ③ |

レッスン7

貸借対照表のしくみ（3）
~固定資産と繰延資産~

プレ演習問題
Pre-Exercise

問1　固定資産は，有形固定資産，無形固定資産および◻︎に分類される。
　①　繰延資産　　②　投資その他の資産　　③　償却資産

問2　土地のように原則として減価しない有形固定資産を◻︎という。
　①　非減価償却資産　　②　投資不動産　　③　投資資産

問3　時の経過により使用価値が減価することを◻︎という。
　①　減損　　②　減耗　　③　減価償却

問4　建物は，取得原価から◻︎を控除して貸借対照表価額を表示する。
　①　減価償却累計額　　②　減価償却引当金　　③　減耗償却累計額

問5　繰延資産は，原則として◻︎処理を行う。
　①　資産　　②　損失　　③　費用

本レッスンでは，固定資産である有形固定資産，無形固定資産および投資その他の資産，ならびに繰延資産とは何か，これらの項目にどういうものがあるか，さらにこれらの項目の会計処理をいかに行うかを学習します。

ステップ１

固定資産は，事業への使用資産および回収期限が１年を超える資産で，有形固定資産，無形固定資産および投資その他の資産に分類されます。

$$
固定資産 \begin{cases} 有形固定資産 \begin{cases} 減価償却資産 \\ 非減価償却資産 \end{cases} \\ 無形固定資産 \\ 投資その他の資産 \end{cases}
$$

有形固定資産は長期間にわたり利用する有形の資産で，時の経過により使用価値が減価する建物などの減価償却資産，土地や建設仮勘定などの非減価償却資産があります。減価償却資産は，耐用年数が１年未満になっても固定資産に区分されます。建物などの固定資産は，現金などの貨幣性資産に対し，棚卸資産と同様に非貨幣性資産または費用性資産ということもあります。また，金銭債権や売買目的有価証券などを金融資産というのに対し，棚卸資産や固定資産を事業資産といいます。

有形固定資産は，購入代価に引取費用，据付費などの付随費用を加算した取得原価で評価します。さらに，取得原価から減価償却累計額を控除して貸借対照表価額とします。

有形固定資産の主たる項目は，次のとおりです。

建　　　物	事務所など営業の用に供される建物
構　築　物	工場内の道路や塀など
備　　　品	事務机・椅子，ロッカー，パソコンなど。耐用年数が１年超
車両運搬具	営業用の乗用車，ライトバン，トラックなど
建設仮勘定	建設中の建物などに対する前渡金
土　　　地	営業の用に供される土地

なお，法人税法では，資本金の額または出資金の額が1億円以下の中小法人について，取得価額が30万円未満の減価償却資産（少額減価償却資産）は，その合計額が300万円に達するまで損金算入できます。

ところで，土地ですが，その所有の目的により次のように分類されます。

土　地 ┤ 販売目的 → 棚卸資産（流動資産）
　　　　│ 事業使用目的 → 土地（有形固定資産）
　　　　└ 投資目的 → 投資不動産（投資その他の資産）

無形固定資産とは長期間にわたり利用される無形の資産で，主たる項目は次のとおりです。

の れ ん	企業の超過収益力を示す。企業買収などにより有償で取得される
特 許 権	新製品や新製法のアイデアを独占的に所有する権利
商 標 権	文字，図形など組み合わせによる商標にともなう権利
権 利 金	賃借契約時に支払われるもので，契約終了時に返還されないもの

のれんは，超過収益力であり，買収や合併による有償取得の場合に計上される経済上の価値です。それに対して，特許権などは法律上の権利で，その有効期限は当該法律により定められています。

投資などは投資目的で長期間にわたり所有する資産で，主たる項目は次のとおりです。

長 期 貸 付 金	回収期間が1年を超える貸付金
長 期 性 預 金	期間が1年を超える定期預金など
投 資 不 動 産	投資目的で保有する土地などの資産
長 期 前 払 費 用	継続して役務の提供を受け，期間は未経過だが代金は支払い。長期前払利息，長期前払保険料など。前払が1年超
投 資 有 価 証 券	満期保有目的債券，その他有価証券など
子 会 社 株 式	子会社に該当する会社の保有株式
長期繰延税金資産	税効果会計で生じた一時差異のうち1年を超える法人税の還付
長期破産更生債権	回収期間が1年を超える破産更生債権

投資その他の資産は，1年基準により流動資産と固定資産に区分されます。例えば，貸付金は1年以内に回収されるものは流動資産，1年を超えて回収されるものは長期貸付金となります。長期貸付金や長期破産更生債権は，債権金額から貸倒見積額を控除したものが貸借対照表価額となります。

繰延資産は，すでに代価の支払が完了しまたは支払義務が確定し，これに対応する役務の提供を受けたにもかかわらず，その効果が将来にわたって発現するもので，その効果が及ぶ数期間に合理的に配分するため，経過的に貸借対照表上資産として計上します。このように，繰延資産が貸借対照表上資産の部に記載されるのは，換金能力を有するからではなく，費用配分の原則によるもので，償却額を控除した未償却残高を計上します。

繰延資産には，株式交付費（株式の交付などのために直接支出した費用），社債発行費（新株予約権発行費を含み，社債の発行のため直接支出した費用），創立費（会社の負担に帰すべき設立費用など），開業費（会社成立後営業開始時までに支出した開業準備のための費用），開発費（新技術または新経営組織の採用，資源の開発，市場の開拓のため支出した費用，生産能率の向上または生産計画の変更などにより，設備の大規模な配置替えを行った場合などの費用）があります。

繰延資産は原則として支出時に費用処理されます。株式交付費のうち新株発行費，自己株式の処分に係る費用は営業外費用，株式の分割や無償割り当てなどに係る費用は販売費及び一般管理費になります。社債発行費（新株予約権発行費を含

種　　　類	会　計　処　理	表　示
株　式　交　付　費	3年以内のその効果の及ぶ期間にわたり定額法により償却	営業外費用
社　債　発　行　費	社債の償還期間にわたり利息法により償却または継続適用を条件に定額法により償却	営業外費用
新株予約権発行費	3年以内のその効果の及ぶ期間にわたり定額法により償却	
創　　立　　費	創立の時から5年以内のその効果の及ぶ期間にわたり定額法により償却	営業外費用
開　　業　　費	開業の時から5年以内のその効果の及ぶ期間にわたり定額法により償却	営業外費用
開　　発　　費	支出の時から5年以内のその効果の及ぶ期間にわたり定額法，その他の方法により償却	売上原価または販・一

む），創立費および開業費は営業外費用，開発費は売上原価および販売費及び一般管理費です。

　費用処理しないで，経過的に資産として貸借対照表に計上する場合の会計処理は前頁の表のとおりです。

　なお，研究開発費について，わが国では発生時に費用として処理しなければなりません。

ステップ２

　さて減価償却とは何でしょうか。減価償却とは，使用など時の経過により次第に価値が減少する減価償却資産について，その取得原価を耐用年数にわたり各期間に費用配分する手続をいいます。減価償却の目的は，各会計期間に費用配分を行うことにより，毎期の損益計算を正確に行うことにあります。そのためには，一定の減価償却の方法にしたがって計画的・規則的に実施されなければなりません。また，減価償却により，固定資産の流動化および自己金融化という経済的効果が生じます。自己金融化というのは，収益より控除される減価償却費が社外流出せずに企業に資金として残る（減価償却累計額）状態をいいます。

　減価償却の方法には，定額法，定率法および生産高比例法があります。残存価格は，通常，取得原価の10％です。会計では，耐用年数にわたり毎年減価償却費として費用計上し，減価償却累計額として累積していきます。貸借対照表上，減価償却資産は取得原価から減価償却累計額を控除して貸借対照表価額を表示します。本書の巻末資料に一括控除法による例示を掲げています。参考にしてください。この他，減価償却累計額の表示には減価償却資産ごとに控除する方法や注記で示す方法があります。

(1) 定額法　減価償却費＝（取得原価－残存価額）×法定償却率（1年÷耐用年数）

(2) 定率法　減価償却費＝（取得原価－残存価額）×法定償却率

(3) 生産高比例法
　　減価償却費＝｛（取得原価－残存価額）÷当該資産の耐用年数の生産見積数量｝×当期生産量

なお，法定償却率は財務省耐用年数表を参照し，生産量は鉱山業では採掘量，航空機や自動車では利用時間になります。

　ただし，2007（平成19）年4月以降に取得した減価償却資産の減価償却について，法人税法では次のように計算します。残存価格は，ゼロです。

（1）定額法　減価償却費＝取得原価×法定償却率（1年÷耐用年数）
（2）定率法　減価償却費＝取得原価（未償却残高）×法定償却率（定額法の法定償却率×2.5）

具体的には次のように計算します。

① 　期首帳簿価額×法定償却率
② 　取得原価×保証率
③ 　①＞②の場合，償却限度額は①になる。
④ 　①＜②の場合，償却限度額は改定取得価額（注）×改定償却率

（注）②が①より多くなった事業年度における期首帳簿価額のことをいいます。
　　なお，法定償却率，保証率および改定償却率は財務省耐用年数表を参照します。

　定額法と定率法の特徴は，次のとおりです。

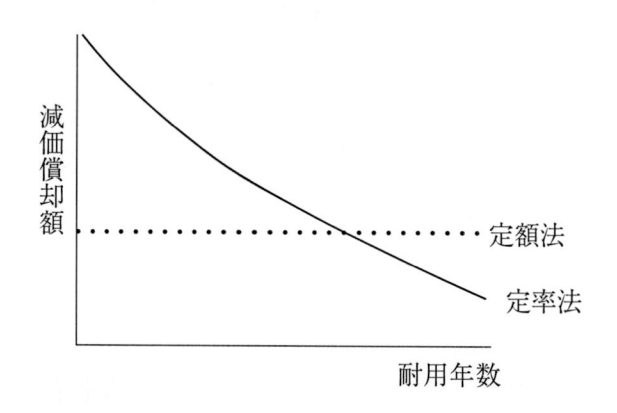

　減価償却額は，定額法では一定ですが，定率法では使用開始当初は多額で耐用年数が経過後次第に減少します。

鉱山用機械（取得原価810,000円，残存価額160,000円，耐用年数4年）の減価償却につき，定額法，定率法，生産高比例法の各方法による第1年目の減価償却費を計算しなさい。

注（1）鉱山の採掘は相当長期であり，毎年標準的採掘量は1,000トンであった。当期採掘量は1,100トンであった。

注（2）定率法の償却率（4年）は0.438（「減価償却資産の償却率表」）である。

解答は，次のとおりです。

定額法　（810,000円－160,000円）÷4年＝162,500円
定率法　810,000円×0.438＝354,780円
生産高比例法　（810,000円－160,000円）×1,100/4,000＝178,750円

なお，定率法の2年目の減価償却費は，（810,000円－354,780円）×0.438＝199,386円（円未満切り捨て）となります。

次の資料に基づいて，当社（資本金1億円）の当期（平成26年4月1日～平成27年3月31日）の減価償却資産の償却限度額を計算しなさい。なお，当期末の減価償却資産の取得価額などの状況は次のとおりであり，平成19年4月1日以降に取得している。

種類	帳簿価額	期首帳簿価額	繰越償却超過額	耐用年数	償却方法
器具備品	1,000,000円	500,000円	0円	5年	定率法

定率法：耐用年数5年（「減価償却資産の償却率表」）

償却率	0.500
改定償却率	1.000
保証率	0.06249

レッスン7　貸借対照表のしくみ（3）～固定資産と繰延資産～　｜　75

解答は，次のとおりです。

① 500,000 円 × 0.500 ＝ 250,000 円

② 1,000,000 円 × 0.06249 ＝ 62,490 円

③ ①＞②　∴　250,000 円

　企業の固定資産の収益性が悪化したような場合，減損の兆候があり，割引前将来キャッシュ・フロー見積額が帳簿価額を下回っていると減損損失を認識します。具体的には当該固定資産に対する投資額のうち回収できる回収可能価額を計算し，回収可能価額が帳簿価額を下回っている場合に回収可能価額まで固定資産の帳簿価額を減少させ，固定資産の帳簿価額と回収可能価額との差額を当期の損失，すなわち減損損失として認識します。これを減損会計といいます。回収可能価額は，その資産の使用価値と正味売却価額のいずれか高い方の金額です。使用価値の計算に現在割引価値を用います（レッスン 12 を参照）。

次の資料により，減損損失を計算しなさい。

	建　物	土　地
帳簿価額	10,000 千円	10,000 千円
減損の兆候	あり	あり
割引前将来キャッシュ・フロー見積額	9,000 千円	14,000 千円
使用価値	8,200 千円	12,000 千円
正味売却価額	8,000 千円	13,500 千円

減損処理の手順にしたがって，減損損失を計算すると次のようになります。

(1) 減損の兆候

　　建物，土地とも有

(2) 減損の認識の有無

　　建物　10,000 千円＞9,000 千円　　∴　有

　　土地　10,000 千円＜14,000 千円　　∴　無

（3）回収可能価額

8,000千円＜8,200千円　∴　8,200千円

（4）減損損失

10,000千円－8,200千円＝1,800千円

　無形固定資産は，その法律上の有効期間にわたり毎期，規則的に償却を行います。法律上の有効期間は次のとおりです。

種　　類	法律上の有効期間
特　許　権	8年
商　標　権	10年
実用新案権	5年
意　匠　権	7年

　のれんは，純資産を超える金額で企業を買収した場合などの純資産と買収金額の差額です。純資産＜買収金額であれば，その差額は借方側に生じます。これが正ののれんといわれるもので，資産として計上されます。正ののれんは，20年以内に規則償却および減損処理をします。規則償却の場合ののれん償却は販売費及び一般管理費となります。純資産＞買収金額であれば，その差額は貸方側に生じます。これが負ののれんといわれるもので，特別利益として計上されます。

　社債などの満期保有目的債券を購入し，取得価額と額面金額が異なる場合，取得価額と額面金額との差額を満期までの期間に配分します。これを償却原価法といいます。これに定額法と利息法があることはすでにレッスン6で述べました。

　4月1日に社債額面1,000,000円（利率5％（年1回3月31日後払い），期限5年，取得価額950,000円，実効利率6.193％）を現金で購入した（決算日3月31日）。3月31日の償却原価法による会計処理はどうなりますか。

　1,000,000円（社債額面）－950,000円（社債取得価額）＝50,000円は，利息が一般の債券などの利息に比べ低く額面より低い金額で購入ができたと考えられ，利息の前払いになります。定額法では，50,000円÷5年＝10,000円を有価証券利息（受取利息）として計上します。利息法では，利息配分額が　950,000円（取

得価額）×6.193％（実効利率）＝58,834円（円未満四捨五入）になります。クーポン利息額は，1,000,000円（元本）×5％（クーポン利率）＝50,000円です。したがって，1年目の3月31日に58,834円（利息配分額）－50,000円（クーポン利息額）＝8,834円の有価証券利息を計上します。

(注) クーポン利息／(1＋r)＋クーポン利息／(1＋r)²…＋(元本＋クーポン利息)／(1＋r)ⁿ＝取得原価
r＝実効利率，n＝期間

それでは，2年目の3月31日の有価証券利息はいくらになりますか。利息配分額が（950,000円＋8,834円）×6.193％（実効利率）＝59,381円（円未満四捨五入），したがって，償却原価59,381円（利息配分額）－50,000円（クーポン利息額）＝9,381円になります。利息法と定額法の違いがおわかりでしょうか。

演習問題

問1 次の(1)～(5)のうち正しいものに○，誤っているものに×をつけなさい。

(1) 無形固定資産には，特許権やのれんなどの法律上の権利と商標権などの経済上の価値がある。
(2) 定額法と定率法では，定率法が初年度の減価償却費が多くなる。
(3) 貸付金や破産更生債権は，正常営業循環基準により流動資産と固定資産に分類される。
(4) 償却資産の貸借対照表価額は，取得原価から減価償却累計額を控除して求められる。
(5) 繰延資産は，原則として経過的に貸借対照表に資産として計上される。

(1)	(2)	(3)	(4)	(5)

問2 総資産5,000万円，総負債3,000万円の会社を1,500万円で買収した。正ののれんおよび負ののれんのどちらがいくら生じるか，またその差額の会計処理について述べなさい。

(　)ののれん	万円
会計処理	

問3 平成26年4月1日に取得した次の資産について、平成27年3月31日（決算日）の減価償却費を定額法と定率法により計算しなさい。

種　類	帳簿価額	耐用年数
機械装置	1,000,000 円	5 年

定額法	円	定率法	円

問4 次の資料により、減損損失を計算しなさい。

	建　物	土　地
帳簿価額	15,000 千円	10,000 千円
減損の兆候	あり	あり
割引前将来キャッシュ・フロー見積額	10,000 千円	8,000 千円
使用価値	12,000 千円	8,200 千円
正味売却価額	13,500 千円	8,000 千円

	建　物	土　地
減損損失	千円	千円

プレ演習問題の解答

問1	②	問2	①	問3	③	問4	①	問5	③

レッスン 8

貸借対照表のしくみ（4）
～負債と純資産～

プレ演習問題
Pre-Exercise

問1　社債は償還期限が1年以内になると，□□□□負債へ表示が変わる。
　　① 固定　　② 流動　　③ 引当

問2　引当金は，□□□□引当金と評価性引当金に分類される。
　　① 負債性　　② 利益性　　③ 処分性

問3　金銭債務やデリバティブ取引により生じる正味の債務などを□□□□負債という。
　　① 短期　　② 長期　　③ 金融

問4　資本金，資本剰余金および利益剰余金などを□□□□資本という。
　　① 自己　　② 企業体　　③ 株主

問5　評価・換算差額等に□□□□有価証券差額金が含まれる。
　　① 保有目的　　② 売買目的　　③ その他

本レッスンでは，流動負債および固定負債の項目にどういうものがあるか，純資産とは何か，これらの項目の会計処理をいかに行うかを学習します。

ステップ1

流動負債は短期に支払期限の到来する債務などで，主たる項目は，次のとおりです。

支　払　手　形	後日（満期日），券面に記載された金額を支払う義務
買　　掛　　金	商品を仕入れ，代金が未払い
未　　払　　金	商品以外のものを購入し，代金が未払い
短　期　借　入　金	金銭の借入れにともなう債権，1年以内に支払い予定
未　　払　　費　　用	継続して役務の提供を受け，期間は経過したが代金が未払い。未払利息など
賞　与　引　当　金	従業員に対する賞与（ボーナス）の引当て
繰　延　税　金　負　債	税効果会計で生じた一時差異のうち1年以内の法人税の納付
未　払　法　人　税	確定した法人税の未払額
1年以内に支払期限の到来する社債	支払期限が1年以内になった長期借入金
1年以内に償還期限の到来する社債	償還期限が1年以内になった社債

長期借入金や社債は，支払期限や償還期限が1年以内になると，1年基準により固定負債から流動負債へ区分が変わりますが，建物など耐用年数が1年以内になっても，固定資産のままです。「支払手形，買掛金，借入金及び社債等の金銭債務ならびにデリバティブ取引により生じる正味の債務等」は，金融負債ともいいます。

長　期　借　入　金	支払期限が1年を超える借入金
社　　　　債	資金調達のために会社が発行した債券
退　職　給　付　引　当　金	従業員の退職金給付のための引当額
長　期　繰　延　税　金　負　債	税効果会計で生じた一時差異のうち1年を超える法人税の納付

固定負債は1年を超えて支払期限の到来する債務などで，主たる項目は，次のとおりです。
　ここで，まず引当金(ひきあてきん)について「企業会計原則」注解注18に基づいて説明します。これによれば，引当金は，発生の可能性の高い将来の費用または損失を，当期の収益と適切に対応させるために見積計上される貸方項目です。その設定要件は，次のとおりです。

(1) 将来の特定の費用または損失の発生が見込まれること。
(2) その発生が，当期以前の事象に原因がある（起因する）こと。
(3) 見込まれた特定の費用または損失の発生の可能性が高いこと。
(4) その金額を合理的に見積ることができること。

　引当金は，負債性引当金(ふさいせいひきあてきん)と評価性引当金(ひょうかせいひきあてきん)に区分されます。前者には製品保証引当金，売上割戻引当金，返品調整引当金，賞与引当金，工事補償引当金，退職給与（給付）引当金，修繕引当金，特別修繕引当金，債務保証損失引当金，損害補償損失引当金，後者には貸倒引当金があります。なお，負債性引当金は，1年基準により流動負債と固定負債に分類されます。

　製品保証引当金，賞与引当金および退職給与（付）引当金は，かつて法人税法で損金算入が認められていましたが，現在では認められていません。しかし，債権者や投資家に有用な会計情報を提供するという観点から，その計上が必須とされています。製品保証引当金などの繰入額は費用とされてきましたが，IFRSでは収益の控除とされているようです。また，IFRSでは，引当金は負債であり，貸倒引当金などの評価性引当金は引当金の範疇に含めません。また，修繕引当金は負債とみなしません。わが国では，建物など補修・修繕工事をした場合，耐用年数の延長，物理的な価値の増大は資本的支出として建物の取得原価に含めますが，それ以外は収益的支出として費用処理をします。具体的には，法人税法に詳細な規定があります。債務保証損失引当金および補償損失引当金は，偶発事象の計上で問題とされてきました。債務保証損失引当金についての計上要件については，日本公認会計士協会が指針を出しています。

　純資産は，株主資本，評価・換算差額等および新株引受権により構成されます。株主資本は，資本金，資本剰余金，利益剰余金および自己株式です。

```
                  ┌ 資本金
                  │           ┌ 資本準備金
                  │ 資本剰余金 ┤
                  │           └ その他の資本剰余金
    株主資本 ┤
                  │           ┌ 利益準備金
                  │ 利益剰余金 ┤
                  │           └ その他の利益剰余金
                  └ 自己株式
```

　資本金および資本剰余金は，原則として，株主から会社に払い込まれた金額をいいます。資本剰余金は，会社法上，株主への分配が認められていない資本準備金と認められているその他資本剰余金に区分されます。その他資本剰余金には，資本金の準備金組み入れや減資による資本金・準備金減少差益があります。

　利益剰余金は，原則として，各期の利益の累計額から株主への配当などを控除した金額をいいます。利益剰余金は，会社法上，株主への分配が認められていない利益準備金と認められているその他利益剰余金に区分されますが，その他利益剰余金には任意積立金と繰越利益剰余金があります。

　剰余金の配当などを除き，株主総会の決議により損失の処理，その他剰余金の処分が行われます。各期の利益の累計額から株主への配当などを控除した金額は，繰越利益剰余金に計上され，株主総会または取締役会の決議により任意積立金を設定します。任意積立金には，減債積立金，配当平均積立金，設備拡張積立金，偶発損失積立金，および自家保険積立金などがあります。

　また，期末に保有する自己株式は，株主資本の末尾に自己株式として一括して控除する形式で表示します。自己株式とは，発行済みの自社株式をその発行会社が自ら取得し保有している株式で，株主資本のマイナス項目です。自己株式は，処分あるいは消却されます。自己株式処分差益は，その他資本剰余金となります。自己株式処分差損が生じた場合は，その他資本剰余金で補てんし，補てんしきれない場合はその他利益剰余金で補てんします。

　評価・換算差額等には，その他有価証券差額金，繰延ヘッジ損益，および土地評価法第7条第2項により2002年3月末までの時限立法で認められた土地評価差額金があります。このように，評価・換算差額等は払込資本ではなく，かつ当期純利益に含められていないことから，株主資本と区別して，株主資本以外の項目として，その他有価証券差額金，繰延ヘッジ損益，土地評価差額金などその内訳を示す科目をもって表示します。

新株予約権は，将来，権利行使され払込資本となる可能性がありますが，失効して払込資本とならない可能性もあります。発行者側の新株予約権は，権利行使の有無が確定されるまでの間その性格が確定しませんが，返済義務のある負債ではなく，株主とは異なる新株引受権者との直接取引であるので，純資産の部に株主資本と区別して表示することになりました。

ステップ2

賞与引当金について，翌期に従業員に対して支給する賞与の支給額を見積り，当期の負担と考えられる金額を引当金として費用計上します。具体的には，決算日後に支払われる賞与の金額を見積り，当期に属する分を月割りで計算して計上します。「中小会計要領」は，次の法人税法で用いられていた算式を1つの引当金の計算方法としています。

$$繰入額 = \left\{ \begin{matrix} 前1年間の1人\\ 当たりの使用人\\ 等に対する賞与\\ 支給額 \end{matrix} \times \frac{当期の月数}{12} - \begin{matrix} 当期において期末在職使用\\ 人等に支給した賞与の額で\\ 当期に対応するものの1人\\ 当たりの賞与支給額 \end{matrix} \right\} \times \begin{matrix} 期末の在\\ 職使用人\\ 等の数 \end{matrix}$$

この算式に基づいて賞与引当金繰入額を計算してみましょう。

> A社は，前1年間に1人当たり使用人に750,000円の賞与を支払った。当期末に在職する使用人に支給した1人当たり賞与支給額は840,000円です。当期の賞与引当金繰入額はいくらになりますか。当社の決算日は3月31日，賞与支給対象期間は12月〜5月（夏季賞与期間），6月〜11月（冬季賞与期間），従業員は20人です。

当期において期末在職使用人等に支給した賞与の額で当期に対応するものの1人当たりの賞与支給額は，当期の支給期間が4月から11月の8カ月ですから $840,000円 \times \frac{8}{12} = 560,000円$ になります。したがって，賞与引当金繰入額は，

$(750,000 円 \times \dfrac{12}{12} - 560,000 円) \times 20 人 = 3,800,000 円$ です。

　「退職給付会計基準」によれば，退職給付債務は，将来の退職年金と退職一時金支給額を割引現在価値で計算し，すでに計上されている退職給付引当金および年金資産を控除した残額を退職給付引当金として計上します。これによれば，利率の変動により退職給付債務が変動し，また従業員が定年前に退職したり，不慮の事故などで亡くなったりすることを考慮に入れると，計算が複雑かつ主観的になります。これは，レッスン12で再度取り上げます。

　このような計算は中小企業にとって大きな負担となるので，「中小会計要領」は，旧法人税法で規定されていた要支給額基準を採用しています。この方法は，期末現在従業員が全員退職した場合に必要な退職金に一定割合（旧法人税法では40%）を掛けて計算します。ただし，外部の機関に掛金を拠出している場合には，毎期の掛金を費用として処理し，退職給付引当金は計上しなくてもかまいません。

　　A社は20人の従業員が期末に在職しており，期末退職金要支給総額は24,000,000円です。期末退職金要支給総額の40%を退職給付引当金として繰り入れる場合，当期の繰入額はいくらになりますか。なお，期末現在退職給付引当金は8,200,000円あります。

　当期末退職給付引当金は，24,000,000円×40%＝9,600,000円です。したがって，当期繰入額は，9,600,000円－8,200,000円＝1,400,000円になります。

　この他，「資産除去会計基準」が公表されており，電力会社が原子力発電設備解体引当金や石油資源会社が廃鉱費用引当金などを計上している例があります。これらの計算は，割引現在価値です。また，「役員賞与会計基準」により，当期の職務に係る役員賞与の支給を翌期に開催される株主総会において決議する場合には，その決議事項とする額またはその見込額を，引当金に計上することができます。

　社債を額面金額未満で発行する場合，額面金額（債務額）と発行価額に差額が生じます。これはレッスン7で取り上げた満期保有目的債券の逆の場合になります。この場合は，社債を発行した会社は，発行価額で社債を負債として計上し，額面金額と発行価額の差額は償却原価法により処理します。償却原価法に定額法

と利息法があることはすでに述べました。

> 4月1日に社債額面1,000,000円（利率5％：年1回3月31日後払い，期限5年，発行価額950,000円，実効利率6.193％）を発行しました。決算日3月31日の会計処理はどうなりますか。

1,000,000円（社債額面）－950,000円（社債発行価額）＝50,000円は，利息の未払いになります。定額法では，50,000円÷5年＝10,000円を有価証券利息（支払利息）として計上し，その分社債の発行価額に加算します。そうすると，社債償還期限の社債金額は1,000,000円になります。利息法では，利息配分額が 950,000円（取得価額）×6.193％（実効利率）＝58,834円（円未満四捨五入）になります。クーポン利息額は，1,000,000円（元本）×5％（クーポン利率）＝50,000円です。したがって，1年目の3月31日に58,834円（利息配分額）－50,000円（クーポン利息額）＝8,834円の有価証券利息を計上し，その分社債の発行価額に加算します。そうすると，社債償還期限の社債金額は1,000,000円になります。

「中小会計要領」では，発行時に発行額で貸借対照表の負債に計上し，決算において，額面金額と発行額との差額を発行から償還までの期間で按分して支払利息として計上するとともに，貸借対照表の金額を増額させることができるとしています。中小企業も私募債という社債を発行することがあります。

設立または増資に際して，株主から会社に払い込まれた金額は，資本金に計上しますが，会社法の規定に基づき，払込金額の2分の1を超えない額については，資本金に組み入れず，資本剰余金のうち資本準備金として計上することができます。これを株式払込剰余金といいます。

> 会社設立に際し，発起人が株式2,000,000円を引受け，残り3,000,000円は一般募集分で，申込期日に申込みがあり全額を申込証拠金として受け取り，発起人は引受済の株式2,000,000円を当座預金口座に振り込み，別段預金は当座預金に振り替えました。なお，払込金額のうち2分の1を資本金に計上しないこととしました。この場合の当座預金口座への振込額，資本金の額および払込剰余金はいくらになりますか。

当座預金口座への振込額は，5,000,000円です。うち資本金と株式払込剰余金は各2,500,000円になります。

会社法によれば，株主総会の決議により剰余金の配当をする場合，当該剰余金の配当により減少する剰余金の額に10分の1を乗じて算定した金額を資本準備金または利益準備金（これらを準備金という）として積み立てます。準備金は，基準資本金額（資本金の4分の1）に達すれば，それ以上積み立てる必要はありません。なお，剰余金の配当は，純資産額が300万円を下回る場合にはできません。

> 株主総会で500,000円を繰越利益剰余金から配当することが決議されました。資本金5,000,000円，準備金500,000円です。配当時の準備金の繰入額はいくらになりますか。

基準資本金額は5,000,000円×1／4で1,250,000円，準備金が500,000円ですから，750,000円を準備金として積み立てる必要があります。したがって，準備金繰入額は500,000円×1／10の50,000円です。仮に準備金が1,230,000円であれば，準備金繰入額は20,000円になります。

演習問題

問1 次の(1)～(5)のうち正しいものに〇，誤っているものに×をつけなさい。
(1) 社債を額面金額より低い金額で発行した場合，額面金額と発行価額の差額は償却原価法により処理する。
(2) 退職給付債務は，割引率が下がれば増加する。
(3) 長期借入金は，1年基準により流動負債と固定負債に分類される。
(4) 自己株式処分益は，特別利益となる。
(5) 評価・換算差額等には，その他有価証券差額金，繰延ヘッジ損益および土地評価差額金がある。

| (1) | | (2) | | (3) | | (4) | | (5) | |

問2　自己株式処分損が発生した場合の会計処理について述べなさい。

```
┌─────────────────────────────────────────────────┐
│                                                 │
│                                                 │
│                                                 │
│                                                 │
└─────────────────────────────────────────────────┘
```

問3　次の□に適当な用語を語群より選び，記号を記入しなさい。

　引当金は，将来の　①　の費用または損失で，　②　以前の事象に起因し，発生の可能性が　③　，その金額を　④　に　⑤　ことができる場合に計上される（「企業会計原則」注解注18）。

【語群】
　a. 当期　b. 前期　c. 特定　d. 個別　e. 高く　f. 低く　g. 確実　h. 合理的
　i. 見積る　j. 計算

①	②	③	④	⑤

問4　株主総会で500,000円を繰越利益剰余金から配当することが決議された。資本金5,000,000円，準備金1,210,000円がある。配当時の準備金の繰入額はいくらか。

準備金繰入額	円

問5　現在割引価値で算出した退職給付債務620万円，退職給付引当金残高400万円および年金資産100万円だった。退職給付引当金繰入額はいくらか。

退職給付引当金繰入額	万円

プレ演習問題の解答

問1	②	問2	①	問3	③	問4	③	問5	③

レッスン9

損益計算書のしくみ

プレ演習問題
Pre-Exercise

問1　損益計算書は，□□□□を明らかにする。
　　① 財政状態　　② キャッシュ・フロー　　③ 経営成績

問2　費用は発生主義，収益は□□□□主義，費用と収益を対応させて期間損益を計算する。
　　① 発生　　② 実現　　③ 対応

問3　営業利益に営業外損益を加減して，□□□□利益を表示する。
　　① 当期純　　② 税引前純　　③ 経常

問4　企業の投資効率は，□□□□により判断する。
　　① 資本経常利益率　　② 売上経常利益率　　③ 売上当期純利益率

問5　自己資本利益率を□□□□という。
　　① ROE　　② ROA　　③ PER

本レッスンでは，損益計算書の基本構造，損益計算の原則，各種利益の表示，費用項目および損益計算書を用いた経営分析について学習します。

ステップ1

損益計算書は，企業の経営成績を明らかにするため，一会計期間に属するすべての収益とこれに対応するすべての費用とを記載して経常利益を表示し，これに特別損益に属する項目を加減して当期純利益を表示したものです。

損益計算書

売上高	＋
売上原価	－
売上総利益	
販売費及び一般管理費	－
営業利益	
営業外収益	＋
営業外費用	－
経常利益	
特別利益	＋
特別損失	－
税引前当期純利益	
法人税，住民税および事業税	－
当期純利益	

- 売上総利益 ⇒ 商品の売上による直接の利益（粗利）を示す。
- 営業利益 ⇒ 販売事務や管理事務にかかる費用を控除した本業による利益を示す。
- 経常利益 ⇒ 受取利息や支払利息などの金融収支を加減した利益を示す。略してケイツネという。
- 税引前当期純利益 ⇒ 偶発的・臨時的に発生する損益を加減した法人税等控除前の利益を示す。
- 当期純利益 ⇒ 法人税等控除後の利益を示す。

　営業利益（損失）は企業本来の営業活動により生じた利益で，売上高から売上原価，給料，通信費，水道光熱費，広告宣伝費，減価償却費，貸倒引当金繰入額などの販売費及び一般管理費（販管費）を控除して求めます。売上原価を求める算式は，期首商品棚卸高＋当期商品純仕入高（仕入返品や値引きを除く）－期末商品棚卸高です。営業外損益はいわゆる金融収支によるもので，受取利息，受取配当金，仕入割引（買掛金を期日より早く支払ったための利息分）などの営業外収益，支払利息，有価証券利息，売上割引（売掛金を期日より早く受け取ったための利息分）

などの営業外費用があります。特別損益は臨時的かつ偶発的に発生するもので，固定資産売却益などの特別利益，固定資産売却損，火災損失，除却損，減損損失などの特別損失があります。これらの区分は，財務諸表の分析を行う際に重要となります。なお，各利益はマイナスの場合，損失になります。

（1）収益および費用の認識

収益・費用の認識は，図表9－1のように歴史的に現金主義，半発生主義，発生主義および実現主義のプロセスを経て，展開してきました。

図表9－1　収益・費用の認識規準の歴史的展開

認識規準	内　　容	短　　所
現金主義	収益→現金収入，費用→現金支出	信用取引が発達→収益と費用の正確な把握が不可能
半発生主義	現金収支および将来の収入（掛売上など）や将来の支出（掛仕入，未払経費等）→収益や費用として認識	固定資産や繰延資産の償却および引当金などの問題は未解決
発生主義	収益→生産過程においてその進行程度に応じて発生すると考え，その発生時点で認識。 費用→経済価値の消費やその原因の発生により費用を認識	収益は金額が不明確であり，かつ販売がなされておらず，処分可能利益の算定を目的とする状況下では，問題がある（例外：工事進行基準や収穫基準）
実現主義	実現の要件→財の引渡しまたはサービスの提供およびその対価（現金または現金等価物）の獲得（＝販売基準）	配当金などの利益処分に対応。未実現利益の計上は認められない

発生主義の原則

発生主義の原則は，すべての費用および収益は，その支出および収入に基づいて計上し，その発生した期間に正しく割り当てることです。費用の認識規準である発生主義は，経済価値の消費の事実やその原因の発生をいいます。一般に，費用は，経済価値を有する資産の消費ですが，経済価値の消費原因の発生としては，引当金繰入額があります。

実現主義の原則

実現主義の原則は，未実現利益を損益計算に含めないことです。実現の要件は，①財貨・用役の引き渡し，②現金および現金等価物（対価）の受け入れの2つです。収益の認識における販売基準がこれに相当します。ただし，受取利息や工事進行基準は発生主義，農産物は収穫基準，逆に割賦販売は回収基準（現金基準）で収益を認識します。これらは，実現主義の例外です。

費用収益対応の原則

期間損益は，図表9-2のように費用は発生主義，収益は実現主義さらに費用収益対応の原則により求めます。

図表9-2　費用収益対応の原則のプロセス

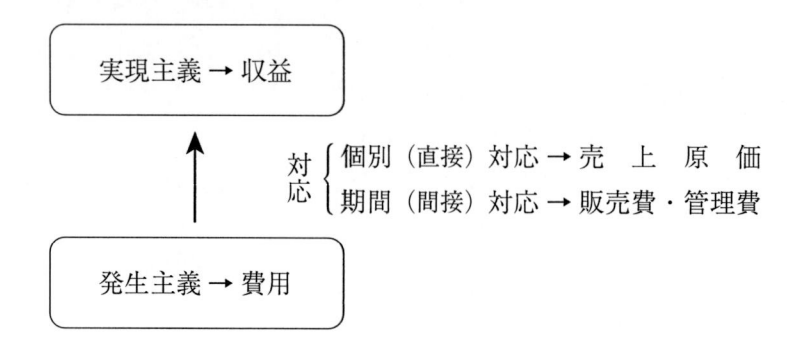

```
   ┌─────────────┐
   │ 実現主義 → 収益 │
   └─────────────┘
          ↑      対応 ┌ 個別（直接）対応 → 売　上　原　価
          │           └ 期間（間接）対応 → 販売費・管理費
   ┌─────────────┐
   │ 発生主義 → 費用 │
   └─────────────┘
```

収益との対応関係には，売上原価のように売上と個別対応するものと，事務員の給料や水道光熱費などのように販売費及び一般管理費や支払利息などの金融費用の期間対応のものがあります。これに対して，損失とは，収益との対応関係は

図表9-3　費用・損失の収益への対応関係

	収益への対応		例　　示
費用	有	個別対応	売上原価
		期間的対応	販売費及び一般管理費
			金融費用
損失		無	災害損失など

ないが，収益によって負担せざるを得ないものです。これらの関係は，図表9－3のとおりです。

(2) 総額主義の原則

収益・費用は，総額によって記載することを原則とし，費用の項目と収益の項目とを直接に相殺することによってその全部または一部を損益計算書から除去してはいけません。例えば，受取利息と支払利息を相殺することはできません。

(3) 対応表示の原則

費用は，その発生源泉にしたがって明瞭に分類し，各収益項目とそれに関連する費用項目の損益計算書における対応表示が求められます。例えば，売上から売上原価を控除して売上総損益を表示し，さらに販売費及び一般管理費を控除して営業損益を表示します。ただし，営業外収益と営業外費用は因果関係がありませんが，その発生の状況が類似しているために，営業外損益項目として対応表示されます。この状況は，特別損益項目も同じです。

図表9－4をみてください。三菱商事株式会社と武田薬品工業株式会社の損益計算書を比較したものです。両社とも有価証券報告書から抜粋したもので，連結ではなく単体の損益計算書です。売上総利益，経常利益および当期純利益の各割合は，それぞれの利益を売上高で除算したものです。それぞれの業界の特徴をよくあらわしています。武田薬品の売上総利益の割合65.7％は，三菱商事の1.5％に比べ高いですね。だから，武田薬品が三菱商事より良い会社とはいえません。製薬会社は売上原価が低いので，売上総利益の割合は高いのです。武田薬品の販売費及び一般管理費（販管費）の売上高に占める割合が高く，経常利益および当期純利益の割合は低くなっています。それでも，武田薬品は三菱商事よりも高いですね。ただ，三菱商事の売上高は約10兆2,000万円で，武田薬品は約7,898億5,000万円です。そうすると，当期純利益は三菱商事が3,185億5,000万円で武田薬品は1,552億8,000万円です。比率だけでなく実数で比較することも重要です。ついでに，三菱商事は営業利益がマイナス（営業損失）になっていますが，受取配当金が4,121億3,000万円ありますので，経常利益はプラスに転じています。商社は，子会社などの株式をたくさん持っているのです。

図表9－4　三菱商事と武田薬品の比較（2013年3月期決算）

	三菱商事	武田薬品
売　　上　　高	100.0%	100.0%
売　上　総　利　益	1.5%	65.7%
販売費及び一般管理費	2.2%	54.5%
営　　業　　利　　益	△0.6%	33.9%
経　　常　　利　　益	3.2%	12.2%
当　期　純　利　益	3.1%	19.7%

（注）小数点2位以下（%）四捨五入。

　販売費の内訳をみると，図表9－5のように商社と製薬会社の特徴がさらに顕著です。商社は人といわれるように，三菱商事の販売費に占める人件費の割合が高いですね。それに対して，武田薬品の販売費に占める広告宣伝費，とくに研究開発費が突出しています。商社のテレビのコマーシャルはあまりみかけないのに，製薬会社はよくみかけませんか。製薬会社は新薬をいかに開発できるかが収益を左右しますので研究開発費の割合が高いのは当然ですね。

　損益計算書を分析するときには，業種の特徴をよく考える必要があります。

図表9－5　三菱商事と武田薬品の販売費の内訳（2013年3月期決算）

	三菱商事	武田薬品
人　件　費	52.2%	9.7%
広 告 宣 伝 費	0.8%	9.1%（販売促進費含む）
研 究 開 発 費	－	55.0%

（注）小数点2位以下（%）四捨五入。

　図表9－6をみてください。リーマンショックで2008年3月期には4,370億円の赤字に陥ったトヨタ自動車の2006年3月期と2007年3月期の損益計算書です。すべての利益が増加しています。その原因を探ると，売上原価や販売費及び一般管理費のコストダウンが行われていることがわかります。2007年3月期の営業外損益はプラス4,043億円です。トヨタ銀行といわれるゆえんです。こんなに利益をあげている銀行ってそんなにありません。リーマンショック後のトヨタ

自動車は，車の販売台数や売上高の落ち込みにもかかわらず，コストダウンを行い2,094億円の当期純利益をあげ，さらにアベノミクスによる円安効果などで2013年度の営業利益は2兆円を超えるといわれています。

図表9－6　トヨタ自動車の損益計算書（単位：億円）

	2006年3月期		2007年3月期	
売上高	101,918	100％	115,718	100％
売上原価	82,486		92,311	
売上総利益	19,423	19.1％	23,386	20.2％
販売費及び一般管理費	10,952	10.7％	11,877	10.3％
営業利益	8,479	8.3％	11,509	9.9％
営業外収益	3,216		4,739	
営業外費用	853		696	
経常利益	11,047	8.3％	11,509	9.9％
税引前当期純利益	11,047	8.3％	11,509	9.9％
法人税等	3,388		4,950	
当期純利益	7,659	7.5％	10,601	9.2％

ステップ2

　資本の効率的な利用を判断するために，次の総資本経常利益率がよく使われます。

$$総資本経常利益率 = \frac{経常利益}{総資本} \times 100 （\%） = \frac{売上高}{総資本} \times \frac{経常利益}{売上高} \times 100 （\%）$$

　これを分解すると，総資本回転率×売上経常利益率×100（％）になります。これを高めるためには回転率を速くして経常利益率を高くすれば良いのですが，そう甘くはありません。不動産，貸ビルは，総資本回転率は遅いが売上経常利益率は高く，スーパーは総資本回転率は速いが売上経常利益率は低いという具合です。総資本回転率が速くて，売上経常利益率が高い企業というのはなかなかあり

ません。さて，経常利益の増加要因と減少要因について考えてみましょう。

経常利益増加要因

収益要因
- 売上高の増加 → 売上数量増加，販売単価の引き上げ
- 営業外収益の増加 → 受取利息・受取配当金の増加

費用要因
- 売上原価の減少 → 仕入単価の引き下げ
- 販売費・一般管理費の減少 → 人件費その他費用の減少
- 営業外費用の減少 → 支払利息の減少

経常利益減少要因

収益要因
- 売上高の減少 → 売上数量減少，販売単価の引き下げ
- 営業外収益の減少 → 受取利息・受取配当金の減少

費用要因
- 売上原価の増加 → 仕入単価の引き上げ
- 販売費・一般管理費の増加 → 人件費その他費用の増加
- 営業外費用の増加 → 支払利息の増加

経常利益の増減要因の関係は，損益計算書のしくみと非常に関係があります。そのしくみを熟知することにより，業績改善の糸口を見出すことができるのです。また，支払利息の増減は借入金の増減に左右されます。貸借対照表と損益計算書は連動しているのです。

商品回転率では，売れ行きが良いかどうかを判断します。売れ行きが悪い商品は不良在庫となり資産価値はありません。要するに，企業は売れる商品を仕入れて売れば儲かるのです。

$$商品回転率 = \frac{売上（または売上原価）}{期末商品（または期首と期末の平均）} \times 100$$

売上債権が現金にならないと，企業は元気になりません。売掛金はちゃんと回収してはじめて売上になります。これをしっかり押さえて，売上債権を管理しなければなりません。

$$売上債権回転率 = \frac{売上}{売上債権（売掛金＋受取手形＋割引手形）} \times 100$$

売上債権回転率は，売上債権管理に役立ちます。

自己資本利益率（return on equity：ROE）は，投資家を非常に大切にする米国で重視されます。日本でも最近注目されている指標です。

$$自己資本率 = \frac{当期純利益}{自己資本} \times 100$$

分母が自己資本でなく総資産になれば，総資産利益率（return on asset：ROA）になります。資産をいかに効率的に運用しているかを示します。

この他に株価に関連して投資の尺度として株価収益率（price earnings ratio：PER）があり，株価を1株当たりの利益で除して求めます。株価が5万円で1株当たりの利益が5,000円であればPERは10倍になります。倍率が高ければ高いほど良いのです。PERは投資の尺度なのですが，日本では株式持ち合いとか，バブルやその崩壊でその機能が果たせませんでした。しかし，株式の持ち合いの解消やバブル崩壊の後遺症から立ち直り，日本の企業が正常な状態で利益を出すようになると，PERは投資尺度としての役割を回復しています。投資尺度としては，株価純資産倍率（price book value ratio：PBR）もあります。株価を1株当たりの純資産額で除して求めます。1を切ると買いだと言われます。しかし，1を切ってもなかなか思うように株価が上がらない銘柄もあるようです。

演習問題

問1 次の空欄に適当な用語を記入しなさい。なお，利益はすべてプラスである。

損益計算書

売上高	×××
売上原価	×××
（①）	×××
販売費及び一般管理費	×××
（②）	×××
営業外収益	×××
営業外費用	×××
（③）	×××
特別利益	×××
特別損失	×××
（④）	×××
法人税等	×××
（⑤）	×××

①	②	③
④	⑤	

問2 次の貸借対照表および損益計算書から分析指標を求めなさい。なお，計算に際しては，％小数点第2位を四捨五入しなさい。

貸借対照表 （単位：百万円）

現　　金	30	支払手形	40
受取手形	120	買掛金	120
有価証券	60	短期借入金	60
棚卸資産	80	賞与引当金	30
短期貸付金	50	社　　債	100
建　　物	30	長期借入金	10
車　　両	40	資本金	100
土　　地	80	資本剰余金	60
建設仮勘定	30	利益剰余金	120
投資有価証券	70		
繰延資産	50		
合　　計	640	合　　計	640

損益計算書 （単位：百万円）

売上高	800
売上原価	540
売上総利益	260
販管費	185
営業利益	75
受取利息	15
支払利息	10
経常利益	80
土地売却益	10
法人税	40
当期純利益	50

指標名	計　算　式	指標数値
売上高総利益率		
総資本回転率		
総資本当期純利益率		
自己資本利益率		

問3 次の資料は，K社の3期間の分析比率である。この表をみて収益性の動向とその要因を簡単に説明しなさい。

[資料]

比　率　名	10期	11期	12期
総資本当期純利益率（％）	8.2	8.1	7.8
売上高総利益率（％）	30.1	30.0	30.2
売上高営業利益率（％）	3.3	3.1	2.9
販売管理費率（％）	26.8	26.9	27.3
売上高人件費率（％）	12.7	12.5	12.2
総資本回転率（回）	2.5	2.6	2.7
棚卸資産回転率（回）	13.7	13.9	14.1
固定資産回転率（回）	11.8	11.2	10.4

（平野健『危ない会社を見分ける！　決算書の読み方』祥伝社，2005年，155頁をもとに作成しました）

プレ演習問題の解答

| 問1 | ③ | 問2 | ② | 問3 | ③ | 問4 | ① | 問5 | ① |

レッスン 10

キャッシュ・フロー計算書のしくみ

プレ演習問題
Pre-Exercise

問1　キャッシュ・フロー計算書の作成方法には，□□□法と□□□法がある。
　① 総額，純額　　② 直接，間接　　③ 主観，客観

問2　キャッシュ・フロー計算書は，□□□活動によるキャッシュ・フロー，財務活動によるキャッシュ・フローおよび投資活動によるキャッシュ・フローに区分される。
　① 営業　　② 経常　　③ 特別

問3　□□□活動によるキャッシュ・フローと投資活動によるキャッシュ・フローを合計したものを□□□キャッシュ・フローといい，プラスが望ましい。
　① 営業，フリー　　② 経常，純額　　③ 特別，総額

問4　投資活動によるキャッシュ・フローは，□□□を行うとマイナスになる。
　① 増資　　② 資産の売却　　③ 設備投資

問5　財務活動によるキャッシュ・フローは，□□□によりプラスになる。
　① 借金の返済　　② 社債の発行　　③ 貸付

本レッスンでは，キャッシュ・フロー計算書の基本構造，作成方法およびそこから何を読み取るかを学習します。

ステップ１

　欧米諸国では，貸借対照表・損益計算書と並んでキャッシュ・フロー計算書が財務諸表として作成され，投資家が重視しています。そこで，わが国でも，それを導入することになりました。なぜキャッシュ・フロー計算書が注目を浴びているかというと，損益計算書における利益は，各企業の会計方針の違いで変わりますが，キャッシュ・フローは，会計方針の変化を受けず，企業の真の実力をあらわすと考えられるからです。例えば，A社とB社は，減価償却前利益が各々500であったとします。A社は減価償却を定額法で50計上し，B社は定率法で75計上すると，A社の利益は450，B社の利益は425になります。これに対して，キャッシュ・フローは，減価償却費を各々の利益に加算（現金が社外流出しないから）しますので，A社とB社のキャッシュ・フローは，各々500になり，会計方針の違いの影響を受けません。

　さらに，税効果会計の下では，損益計算書に計上される法人税は実際支払額でなく，理論上の法人税であることから，損益計算書では企業の資金の収支がわかりにくくなります。キャッシュ・フロー計算書は，法人税を実際支払額ベースで作成するため，実際の資金の流れが把握できます。さらに，損益計算書とキャッシュ・フロー計算書を併用すれば，有税引当金などの会計処理方法を類推することが可能となるのです。

　ところで，キャッシュ（資金）の範囲は，現金および現金同等物からなります。現金は，手許現金と要求払預金です。前者は，通貨（紙幣，硬貨），通貨代用証券（他人振出し小切手，郵便為替証書，配当金領収書など）をいいます。後者は，容易に換金可能で，かつ価格変動リスクの少ない短期投資で，取得日から3カ月以内に満期日または償還日の到来する短期的な投資である定期預金，譲渡性預金，コマーシャルペーパー，売戻し条件付現先，公社債投資信託です。

　キャッシュの流れと利益の関係を高級バーと立ち飲み屋を例に考えてみましょう。図表10-1は高級バーの例です。3月1日に開店し3月末クレジットカードの締め切り，4月末入金とします。売上が1日に100万円，同じく仕入費用が20

万円ですから，1日も休日なしで3月の売上高は3,100万円，仕入費用は620万円で利益は2,480万円になります。この話をある会社でしたら，社長さんに「ホステスさんの日給はどうなるんだ？」と質問されました。ここでは話をわかりやすくするために，仕入費用以外は無視します。さて，3月の利益は2,480万円ですが，入金は2カ月後ですから，2カ月分1,220万円の元手が必要となります。

図表10－1　高級バーのキャッシュの流れ

	売　上	入　金	仕入費用	現金残高
1日	100万円	0円	20万円	△20万円
2日	100万円	0円	20万円	△40万円
3日	100万円	0円	20万円	△60万円
30日	100万円	0円	20万円	△600万円
31日	100万円	0円	20万円	△620万円
合計	3,100万円	0円	620万円	△620万円

　一方，立ち飲み屋は，同じく3月1日に開店したとして，売上1日50万円，仕入費用10万円として利益は40万円，現金商売ですから入金50万円で1日の現金残高40万円となります。1カ月の各計算は図表10－2のとおりです。

図表10－2　立ち飲み屋のキャッシュの流れ

	売　上	入　金	仕入費用	現金残高
1日	50万円	50万円	10万円	40万円
2日	50万円	50万円	10万円	80万円
3日	50万円	50万円	10万円	120万円
30日	50万円	50万円	10万円	1,200万円
31日	50万円	50万円	10万円	1,240万円
合計	1,550万円	1,550万円	310万円	1,240万円

（出所）増田茂行『100円ショップの会計学』祥伝社新書，2008年，94-101頁。

　これをみて，高級バーと立ち飲み屋どちらの商売をあなたは選びますか。

ステップ2

　キャッシュ・フロー計算書の作成方法には，直接法と間接法があります。直接法は，営業収入や原材料の仕入れ，人件費の支払いといった主要な取引項目ごとに収入総額と支出総額を表示するので，取引の規模が金額でわかるという利点がありますが，作成に手間がかかるという欠点があります。逆に，間接法では，作成が簡単であるという利点がありますが，取引の規模が金額でわからないという欠点があります。間接法は，最終損益とキャッシュ・フローの関係を明示できるうえ，損益計算書や貸借対照表から簡単に作成できるため，米国で広く普及しています。間接法でキャッシュ・フロー計算書を作成するとどうなるでしょうか。

　キャッシュ・フロー計算書は，営業活動によるキャッシュ・フロー（営業CF），投資活動によるキャッシュ・フロー（投資CF）および財務活動によるキャッシュ・フロー（財務CF）の3つに区分されます。

　営業CFは，営業活動に係る現金収支です。まず，税引前当期純利益に，減価償却費や貸倒引当金などの引当金増加額の非資金損益項目をプラスします。それらは損益計算書上，費用として計上しますが，実際に資金が社外に流出したわけではないからです。

　2期分の貸借対照表から売掛金や買掛金などの営業活動に係る資産・負債項目の増減を調整します。買掛金の増加は，支払いの猶予で，手元資金の増加を示していますのでプラスし，売掛金や棚卸資産の増加は資金が流入していないので，マイナスします。逆の場合，買掛金の減少は，支払済みで，手元資金の減少を示していますのでマイナスし，売掛金や棚卸資産の減少は資金の流入ですから，プラスします。

　損益調整項目は，例えば受取利息は営業利益にプラスして税引前当期純利益を求めますので，営業CFを求めるためには逆算して税引前当期純利益から控除します。小計の後プラスして営業CFを求めます。

税引前当期純利益		○○○○円
減価償却費	+)	○○○円
貸倒引当金増加額	+)	○○○円
受取利息および配当額	-)	○○○円
利息支払額	+)	○○○円
売上債権増加額	-)	○○○円
棚卸資産減少額	+)	○○○円
仕入債務減少額	-)	○○○円
受取利息および配当額	+)	○○○円
利息支払額	-)	○○○円
法人税等支払額	-)	○○○円
営業CF		○○○○円

- 減価償却費・貸倒引当金増加額 } 非資金損益項目
- 受取利息および配当額・利息支払額 } 損益調整項目（発生主義）
- 売上債権増加額・棚卸資産減少額・仕入債務減少額 } 営業活動に係る資産・負債項目
- 受取利息および配当額・利息支払額 } 損益調整項目（現金主義）

（注）利息および配当金の受取額は投資CF，利息の支払額は財務CFの区分に記載することができます。

　投資CFは，設備投資や出資に対する現金支出です。有価証券や有形固定資産の取得は資金のマイナスで，逆に売却は資金のプラスです。貸付は資金のマイナス，回収は資金のプラスになります。

有価証券の取得による支出	-)	○○○円
有価証券の売却による収入	+)	○○○円
有形固定資産の取得による支出	-)	○○○円
有形固定資産の売却による収入	+)	○○○円
投資有価証券の取得による支出	-)	○○○円
投資有価証券の売却による収入	+)	○○○円
貸し付けによる支出	-)	○○○円
貸付金の回収による収入	+)	○○○円
投資CF		○○○○円

　投資CFは，企業の投資活動で生じる資金の出入りを意味します。これにより，設備投資や新規事業への意欲が判断できます。もし，投資意欲が旺盛ならば，投資CFはマイナスになります。長期的にみた場合，投資CFの支出超過分は営業

CFの流入超過の範囲内（→フリーキャッシュ・フロー）に収まるのが望ましいのです。フリーキャッシュ・フローが赤字の場合は，銀行借入や社債の発行で資金不足を補うことになります。

フリーキャッシュ・フローは，営業CFから投資CFを控除したもので，資金の出入りでみた純粋の儲けです。赤字なら有利子負債を増やすか手元資金を取り崩す必要があります。

米国の企業に多いパターンとして，成長期の企業は投資が先行するために赤字になることが珍しくありませんが，成熟期を迎えると黒字化して株主の利益分配を増やすという場合があるようです。

財務CFは，資金の調達・返済，配当金，自社株買いなどの財務上の資金収支です。借入金や増資は資金のプラス，借入金の返済，自己株式の取得および配当金の支払いは資金のマイナスです。

短期借り入れによる収入	＋)	○○○円
短期借入金の返済による支出	－)	○○○円
長期借り入れによる収入	＋)	○○○円
長期借入金の返済による支出	－)	○○○円
社債の発行による収入	＋)	○○○円
社債の償還による支出	－)	○○○円
株式の発行による収入	＋)	○○○円
自己株式の取得による支出	－)	○○○円
親会社による配当金の支払額	－)	○○○円
少数株主への配当金の支払額	－)	○○○円
財務CF		○○○○円

財務CFは，企業が営業活動，投資活動を維持するためにどの程度資金を調達し，返済したかを示します。フリーキャッシュ・フローの過不足を調整するのも財務CFの役割です。積極的な投資でフリーキャッシュ・フローが赤字になると，銀行借入れや社債の発行などにより外部から資金を調達することになります。

企業の成長期には，設備投資を借入金や増資で賄うことになります。しかし，

財務CFに頼りきった設備投資をつづけると，財務体質の悪化や自己資本利益率（ROE）の低下を招くことになります。したがって，資金調達と投資のバランスを図る必要があるのです。

　最終的にキャッシュ・フロー計算書は，次のように期末残高を表示します。期末残高は，貸借対照表の現金残高と一致します。

Ⅰ	営業活動によるキャッシュ・フロー	○○○○円
Ⅱ	投資活動によるキャッシュ・フロー	○○○○円
Ⅲ	財務活動によるキャッシュ・フロー	○○○○円
Ⅳ	現金及び現金同等物に係る換算差額	○○○○円
Ⅴ	現金及び現金同等物の増加額（又は減少額）	○○○○円
Ⅵ	現金及び現金同等物の期首残高	○○○○円
Ⅶ	現金及び現金同等物の期末残高	○○○○円

　次のキャッシュ・フローのパターンについて考えてみましょう。これは『日本経済新聞』に掲載されたものです。

	営業CF	投資CF	財務CF
①	＋	－	－
②	＋	－	＋
③	＋	＋	－
④	－	－	＋
⑤	－	＋	＋
⑥	－	＋	－

　①のパターンは，企業の投資活動が積極的で投資CFはマイナスになっていますが，その資金は営業CFで賄っています。また，借入金の返済や社債の償還などにより資金が流出し，財務キャッシュ・フローがマイナスになっています。これは，負債を返済しているからで，評価できます。理想的な資金繰りといえるのではないでしょうか。

②のパターンは，企業の投資活動が旺盛で投資 CF はマイナス，その資金を営業 CF だけでは賄いきれずに，銀行借入れや増資などにより資金調達を行っています。したがって，財務 CF がプラスになっています。投資活動の成果が将来，収益となって返ってくれば問題ありませんが，そうでない場合，利子などのコストが過重負担となる恐れがあります。

③のパターンは，①のパターンと違い，資産の売却などで投資 CF がプラスになっています。資金繰りは，非常に良好な状況といえます。

④のパターンは，営業 CF はマイナス，したがって企業の投資活動の資金調達を銀行借入れや増資などにより財務 CF に依存し賄っています。資金繰りとしては，最悪の状況です。

⑤のパターンは，資産の売却などで投資 CF はプラス，負債の借入れなどで財務 CF はプラスとなり，本業の営業 CF のマイナスを賄っています。資金繰りとしては，問題です。

⑥のパターンは，本業の営業 CF のマイナスを資産の売却などで投資 CF により賄っています。負債の返済などで財務 CF はマイナスです。⑤のパターンより資金繰りは良好です。しかし，どちらにせよ，投資を犠牲にして資金繰りを行っている点は，企業の将来の成長性を損なうという観点からは問題です。

演習問題

問1 次の □ に語群より適当な用語を選び，記号を記入しなさい。

キャッシュ（資金）の範囲は，手許現金と ① である。現金は，通貨と ② からなる。 ② は，容易に ③ で，かつ価格変動リスクの少ない ④ 投資であって，取得日から ⑤ 以内に満期日または償還日の到来する ④ 的な投資である ⑥ 預金，譲渡性預金， ⑦ ，売戻し条件付現先， ⑧ である。

【語群】
a. 公社債投資信託　b. 要求払預金　c. 換金可能　d. 通貨代用証券　e. 短期
f. 長期　g. 6カ月　h. 3カ月　i. 定期　j. 普通　k. コマーシャルペーパー

①	②	③	④	⑤
⑥	⑦	⑧		

問2 次の営業活動によるキャッシュ・フロー項目のうちキャッシュ・フローがプラスのものには＋，マイナスのものには－をつけなさい。

① 貸倒引当金増加額
② 売上債権減少額
③ 仕入債務増加額
④ 有価証券売却益
⑤ 棚卸資産減少額

①	②	③	④	⑤

問3 次の投資および財務活動によるキャッシュ・フロー項目のうちキャッシュ・フローがプラスのものには＋，マイナスのものには－をつけなさい。

① 貸付金の回収
② 社債の発行による資金の調達
③ 固定資産の購入
④ 借入金の返済
⑤ 有価証券の売却

①	②	③	④	⑤

問4 次の問題について答えなさい。

受取利息等の勘定記録は次のとおりであった（単位：千円）。

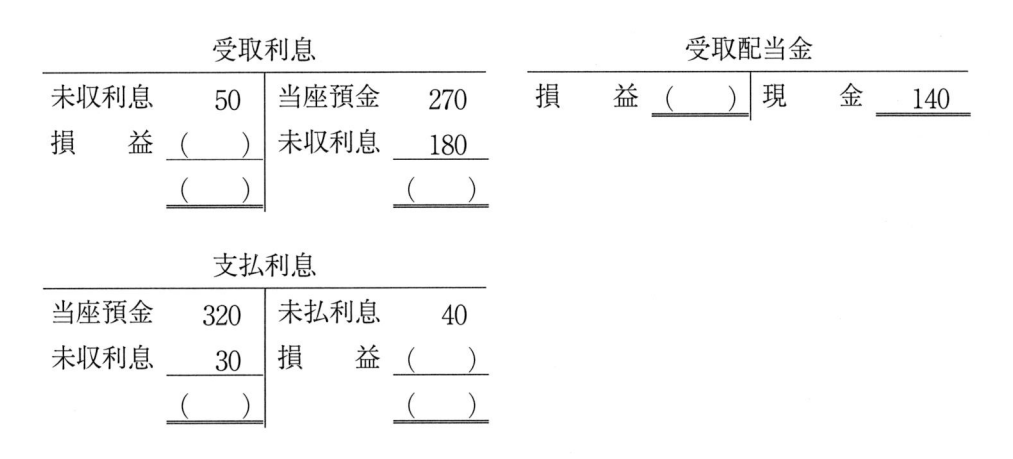

```
         受取利息                          受取配当金
未収利息   50  | 当座預金  270      損  益 (   ) | 現  金  140
損  益 (   ) | 未収利息  180
         (   )|         (   )

         支払利息
当座預金  320 | 未払利息   40
未収利息   30 | 損  益  (   )
         (   )|         (   )
```

レッスン10　キャッシュ・フロー計算書のしくみ ｜ 111

上記の勘定記録に基づいて，以下に掲げるキャッシュ・フロー計算書の空欄AおよびBに入る金額の最も適切な組み合わせを下記の回答群から選びなさい（単位：千円）。

```
              キャッシュ・フロー計算書
  Ⅰ  営業活動によるキャッシュ・フロー
         税 引 前 当 期 純 利 益        1,600
         減 価 償 却 費                   750
         貸 倒 引 当 金 減 少 額        －70
         受 取 利 息 及 び 受 取 配 当 金     A
         支 払 利 息                    （  ）
         有 形 固 定 資 産 売 却 益    －180
         売 上 債 権 の 減 少 額         360
         た な 卸 資 産 の 増 加 額    （  ）
         仕 入 債 務 の 増 加 額       （  ）
                  小 計               2,350
         利 息 及 び 配 当 金 の 受 取 額（  ）
         利 息 の 支 払 額             （  ）
         法 人 税 等 の 支 払 額       －660
         営業活動によるキャッシュ・フロー   B
                （以下省略）
```

【解答群】

ア　A：－540　　B：1,780　　　イ　A：－540　　A：1,940

ウ　A：－410　　B：1,440　　　エ　A： 410　　A：1,940

| プレ演習問題の解答 |

| 問1 | ② | 問2 | ① | 問3 | ① | 問4 | ③ | 問5 | ② |

レッスン11

連結会計のしくみ

プレ演習問題
Pre-Exercise

問1　親会社と子会社など，同一企業グループに属する企業群を1つの企業として作成された財務諸表のことを，◯◯◯◯という。
　　① 結合財務諸表　　② グループ財務諸表　　③ 連結財務諸表

問2　子会社であるかどうかを判定する基準には，持株基準と◯◯◯◯がある。
　　① 支配力基準　　② 取得原価基準　　③ 持分法

問3　連結財務諸表は，親会社および子会社の個別財務諸表を合算する形式で作成されるが，作成の過程で，◯◯◯◯を行い調整する。
　　① 内部利益の控除　　② 修正消去仕訳　　③ 粉飾決算

問4　連結会計では，子会社の株主を親会社とそれ以外の株主に分けて考え，親会社以外の株主の所有分のことを◯◯◯◯という。
　　① 親会社外所有株　　② 連結外持分　　③ 少数株主持分

問5　通常親会社は，子会社の将来性・成長性・ブランドなどを評価して，合算で受け入れる純資産額以上の金額を投資している。この投資額と受入純資産との差額を◯◯◯◯という。
　　① のれん　　② 連結超過額　　③ ブランド価値

連結財務諸表とは，親会社と子会社の財務諸表を1つにし，企業集団全体としての財務報告を行うために作成する財務諸表です。本レッスンではすべての財務諸表を取り上げるにはボリュームが多すぎますので，ここでは基本財務諸表である連結貸借対照表と連結損益計算書について学習します。

ステップ1

　企業グループという用語があります。これはいくつかの法人格の異なる企業を1つの企業集団とみなして考えるときに用いられる用語です。企業グループの中には親会社といわれる企業集団のトップに立つ会社があります。そしてそのトップ企業に追従する子会社があります。連結会計はこうした親子関係にある企業集団をあたかも1つの会社であるかのようにみなして，親会社の立場で財務報告を行うための会計です。

(1) 企業集団の範囲の決定

　連結会計は，親子関係にある複数の会社を1つの会社とみなしますので，個々の会社の財務諸表を合算することになります。ここでいう親子関係とは，法人格が異なる親会社と子会社（1社とは限らない）が資金や人事などを通して経済面などで密な関係を築いている集団（グループ）です。

　しかし，資金・人事といってもその程度はいかなるものでしょうか。連結会計ではこの程度，つまり企業グループに含まれる範囲をまず明らかにしてから，連結財務諸表を作成することになります。この連結範囲を決定するための基準には，持株基準と支配力基準があります。

持株基準

　議決権の過半数以上を所有する企業を子会社とする基準です。例えば，100株の議決権付株式を発行している会社の株式を51株以上取得している会社を親会社とし，取得されている会社を子会社とします。

支配力基準

　議決権の過半数以上を所有している企業だけでなく，それ未満であっても，財

務・営業・事業の方針などを左右する権限があり，実質上支配・従属の関係にある会社をも子会社とする基準です。例えば，ある会社の取締役会その他これに準ずる機関の構成員の過半数を占めている会社を親会社とし，過半数を占められている会社を子会社とする基準です。

(2) 関連会社（持分法適用会社）

これまでに説明した親子関係までには至らないが，親しい関係にある会社も存在します。これらの会社を関連会社といいます。「持分法に関する会計基準」では，関連会社について「親会社および子会社が，出資，人事，資金，技術，取引等の関係を通じて親会社以外の他の会社の財務及び営業の方針決定に重要な影響を及ぼしている場合における当該他の会社をいう」と説明されています。

具体的には，①取締役会に役員を派遣している，②投資意思決定プロセスに関与している，③重要な取引がある，④人事交流があるなどです。これらの事実により判断する基準のことを影響力基準といいます。

(3) 連結財務諸表の作成目的

連結財務諸表は次のような目的で作成されます。

① 株主その他の利害関係者に対して企業集団の財政状態，経営成績およびキャッシュ・フローの報告のため（とくに親会社の利害関係者のため）。
② 親子関係にある会社の財務諸表監査の充実と粉飾決算の防止のため。
③ 経営者に対する会計情報を提供するため（とくに親会社の経営者のため）。

ステップ2

連結財務諸表に対して，独立した個別の会社が作成する財務諸表のことを個別財務諸表といいます。個別財務諸表は，正規の簿記の原則にしたがって作成された正確な会計帳簿に基づきます。しかし，連結財務諸表は正確な会計帳簿に基づいて作成されるわけではありません。連結財務諸表は，親会社と子会社の個別財務諸表を基礎として作成（基準性の原則）されます。具体的には，連結精算表などを用いて，親会社および子会社の個別財務諸表を合算する形式で作成されます。

ただし，作成の過程では連結消去仕訳というものを行い調整することになります。

(1) 連結財務諸表が作成されるまでの流れ

連結財務諸表は，親会社の個別財務諸表と子会社の個別財務諸表を合算し，連結消去仕訳を行って，作成されます。

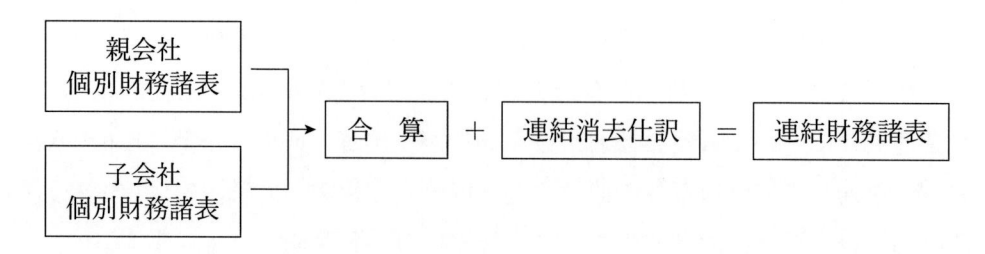

```
┌──────────┐
│  親会社  │
│個別財務諸表│─┐
└──────────┘ │
             ├→ 合 算 ＋ 連結消去仕訳 ＝ 連結財務諸表
┌──────────┐ │
│  子会社  │─┘
│個別財務諸表│
└──────────┘
```

(出所) TAC株式会社『合格テキスト日商簿記1級 商業簿記 会計学Ⅲ』TAC出版，2011年，75頁より作成。

(2) 連結精算表

親会社の個別財務諸表と子会社の個別財務諸表を合算するに際しては，前述のとおり，連結精算表が使用されます。連結精算表とは，次のようなものです。

連 結 精 算 表

科 目	個別貸借対照表 P社	S社	合計	修正消去仕訳 借方	貸方	連結貸借対照表
諸 資 産	×××	×××	×××			×××
S 社 株 式	×××		×××		×××	
資 産 合 計	×××	×××	×××			×××
諸 負 債	(×××)	(×××)	(×××)			(×××)
資 本 金	(×××)	(×××)	(×××)	×××		(×××)
資本剰余金	(×××)	(×××)	(×××)	×××		(×××)
利益剰余金	(×××)	(×××)	(×××)	×××		(×××)
負債・純資産合計	(×××)	(×××)	(×××)	×××	×××	(×××)

注) (×××) は貸方金額
(出所) TAC株式会社『合格テキスト日商簿記1級 商業簿記 会計学Ⅲ』TAC出版，2011年，75頁より作成。

(3) 少数株主持分

子会社の株主には誰がいるのかを考えると，自然人ではないが法人として親会

社があげられます。そして親会社は筆頭株主です。連結会計では，子会社の株主を親会社とそれ以外の株主に分けて考え，親会社以外の株主が所有する割合のことを少数株主持分といいます。連結貸借対照表における純資産をイメージしてみると次のようになります。

連結貸借対照表

資　産	負　債
	少数株主持分
	資　本

資本（純資産）

（出所）広瀬義州『会計学スタンダード』中央経済社，2012年，235頁より作成。

さらに補足をしておくと，少数株主というのは，親会社の立場からみた場合のもので，親会社が子会社株式の100％を所有していなければ，必ずその他の株主，すなわち少数株主が存在するということになります。また，親会社の株式の所有割合60％，少数株主の持分割合が40％，そして，子会社の純資産額が1,000,000円だったとすると，持分の割合は次のように計算されます。

　　　親会社持分………1,000,000 × 0.6 = 600,000
　　　少数株主持分……1,000,000 × 0.4 = 400,000

(4) のれん

親会社は子会社に対して投資をしています。そして，その投資額が子会社では資本となっています。つまり，親会社の子会社への投資債券額は，子会社では資本となり貸借対照表の純資産（株主持分）に計上されています。したがって，親会社と子会社の財務諸表を合算する際に，親会社の投資額と子会社の資本の額とを相殺することになります。

通常，親会社は，子会社の将来性・成長性・ブランドなどを評価して，合算で受け入れる純資産額以上の金額を投資しています。この投資額と受入純資産との差額が，のれんです。ただし，子会社となる企業の経営状況が悪化しているときは，純資産額以下の投資額となることもあります。この場合は負ののれん（特別利益）といいます。次のようなイメージになります。

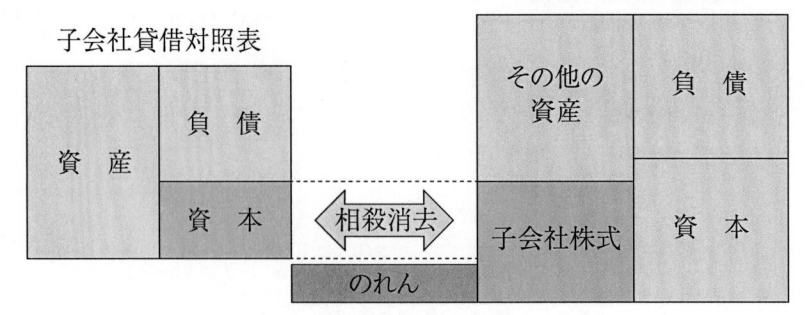

子会社の発行済株式の60%を700,000円で取得したとします。そして、その時の子会社の資本勘定が1,000,000円であったとします。親会社持分は、1,000,000円×0.6＝600,000円となります。負ののれんは、700,000円－600,000円＝100,000円です。

(出所) 広瀬義州『会計学スタンダード』中央経済社，2012年，236頁より作成。

ステップ3

(1) 連結財務諸表の構成
連結財務諸表には次の5つの財務書類があります。

① 連結貸借対照表
② 連結損益計算書
③ 連結株主資本等変動計算書
④ 連結キャッシュ・フロー計算書
⑤ 連結附属明細表

ここでは，前述のとおり主要財務諸表である①連結貸借対照表と②連結損益計算書について学習します。

(2) 資本連結の手続き（支配獲得日の連結・投資と資本の相殺消去）
支配獲得日の連結

はじめに親会社となる会社をP社とします。そして子会社となる会社をS社とします。P社がS社の支配を獲得し，親会社と子会社の関係（支配従属関係）が成

立した日から連結財務諸表を作成することになります。

支配従属関係が成立した日を支配獲得日といい，この時点で連結貸借対照表のみを作成します。

投資と資本の相殺消去

連結貸借対照表は，親会社と子会社の個別貸借対照表を合算します。しかしその際，親会社の投資の額と子会社の資本（純資産）に重複がありますので，これを消し合うことになります。つまり，親会社の投資と子会社の資本の相殺消去を行います。次のようなイメージです。

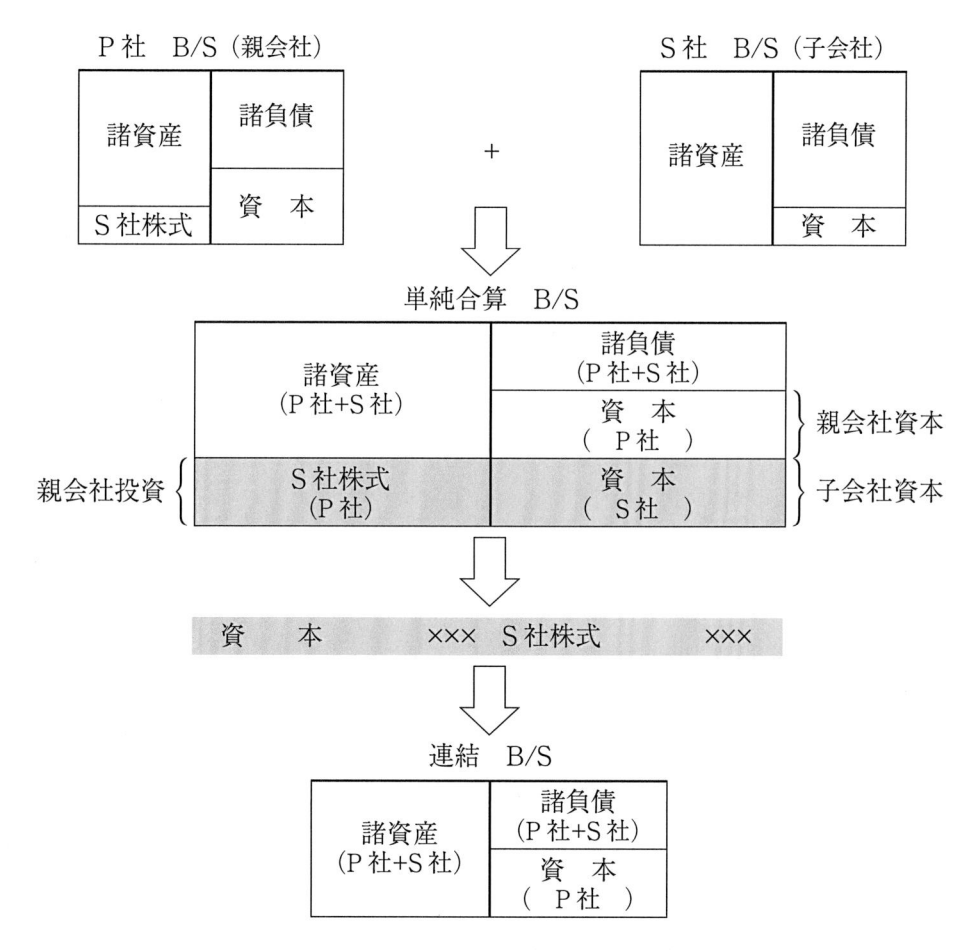

(出所) TAC株式会社『合格テキスト日商簿記1級 商業簿記 会計学Ⅲ』TAC出版，2011年，75頁より作成。

(3) 連結貸借対照表の作成

次の条件で連結貸借対照表を作成してみましょう。精算表形式で示します。

> P社は×1年3月31日に、S社の発行済議決権株式の60％を100,000円で取得し、支配を獲得した。×1年3月31日現在におけるP社の貸借対照表は次のとおりである。よって、×1年3月31日現在における連結貸借対照表を作成しなさい。なお、税効果会計は適用しない。

貸 借 対 照 表
×1年3月31日現在　　　　　　　　　　（単位：円）

資　産	P社	S社	負債・純資産	P社	S社
諸 資 産	600,000	400,000	諸 負 債	300,000	250,000
S社株式	100,000		資 本 金	200,000	75,000
			資本剰余金	100,000	50,000
			利益剰余金	100,000	25,000
	700,000	400,000		700,000	400,000

イメージ図

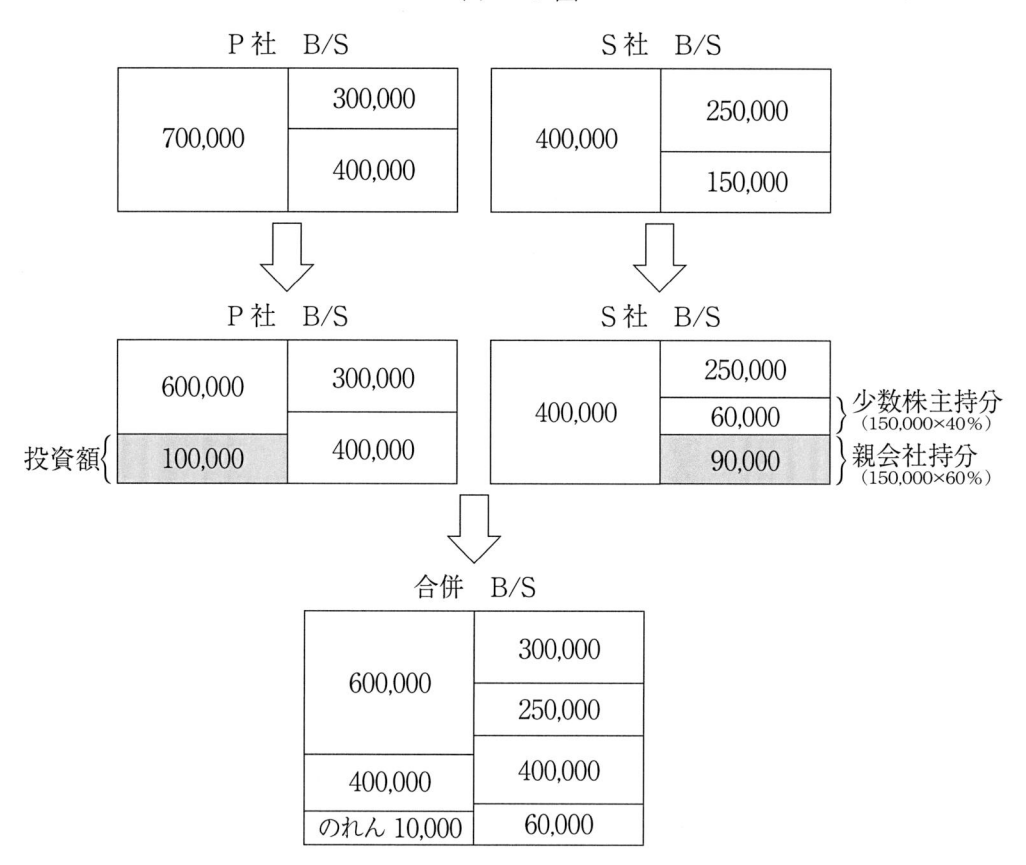

P社 B/S

700,000	300,000
	400,000

S社 B/S

400,000	250,000
	150,000

↓

P社 B/S

600,000	300,000
投資額 { 100,000	400,000

S社 B/S

400,000	250,000
	60,000 } 少数株主持分 (150,000×40%)
	90,000 } 親会社持分 (150,000×60%)

↓

合併 B/S

600,000	300,000
	250,000
400,000	400,000
のれん 10,000	60,000

連結精算表　　　　　　　　　　　　　　　　（単位：円）

科　目	個別貸借対照表 P社	S社	合計	修正消去仕訳 借方	貸方	連結貸借対照表
諸　資　産	600,000	400,000	1,000,000			1,000,000
の　れ　ん				10,000		10,000
S 社 株 式	100,000		100,000		100,000	0
資 産 合 計	700,000	400,000	1,100,000			1,010,000
諸　負　債	300,000	250,000	550,000			550,000
資　本　金	200,000	75,000	275,000	75,000		200,000
資本剰余金	100,000	50,000	150,000	50,000		100,000
利益剰余金	100,000	25,000	125,000	25,000		100,000
少数株主持分					60,000	60,000
負債・純資産合計	700,000	400,000	1,100,000	160,000	160,000	1,010,000

（4）子会社の資産・負債の評価

支配獲得時点で，子会社の資産と負債を時価で評価し，連結財務諸表を作成します。上記例題で仮に資産の簿価400,000円を450,000円と時価評価し，負債300,000を330,000円と時価評価した場合，資産の評価増が50,000円（450,000円－400,000円），負債の評価増が30,000円（330,000円－300,000円）となります。結果として20,000円（50,000円－30,000円）の評価差額が算出されることになります。

この評価差額分だけ子会社の純資産が増加することになり，結果として，60％が親会社の投資と相殺消去され，残りの40％は少数株主持分に加算されることになります。

（5）債権債務の相殺消去

その他，親子間での内部取引があれば，これを相殺消去します。例えば，親会社の子会社に対する売掛金と子会社の親会社に対する買掛金などがあります。

ステップ４

次の条件で連結損益計算書を作成してみましょう。精算表形式で示します。

損 益 計 算 書
×1年4月1日～×2年3月31日現在　　　　　　（単位：円）

費　　用	P社	S社	収　　益	P社	S社
売 上 原 価	250,000	170,000	売 上 高	300,000	200,000
販 売 費	50,000	40,000	受取利息	30,000	20,000
支 払 利 息	10,000				
当期純利益	20,000	10,000			
	330,000	220,000		330,000	220,000

（1）単純合算

まずは，単純合算を精算表で行ってみます。

連 結 精 算 表　　　　　　　　　　（単位：円）

科　　目	個別貸借対照表			修正消去仕訳		連結損益計算書
	親会社	子会社	合計	借方	貸方	
売 上 高	300,000	200,000	500,000			500,000
受 取 利 息	30,000	20,000	50,000			50,000
合　　計	330,000	220,000	550,000			550,000
売 上 原 価	250,000	170,000	420,000			420,000
販 売 費	50,000	40,000	90,000			90,000
支 払 利 息	10,000		10,000			10,000
当期純利益	20,000	10,000	30,000			30,000
合　　計	330,000	220,000	550,000			550,000

（2）相殺消去

　親会社と子会社には，密接な関係があります。すなわち，密接な取引関係が存在します。

　家族間での取引を考えると，例えば，娘であるA子さんが購入した100円のミカンジュースを父親に110円で売った場合の10円の利益を考えてみよう。

　家計の視点から考えると，まずA子さんの財布から外部に100円が流出しています。そして，父親の財布から110円がA子さんの財布に入っています。A子さんの財布は10円増えます。しかし，父親の財布から，110円が減少しています。

　　　A子さんの財布……－100円＋110円＝＋10円

　　　父親の財布…………－110円

　∴　＋10円－110円＝－100円

　結局この100円は，最初に購入したミカンジュース代100円であり，このA子さんから父親へのジュースの転売は家計全体にとって，何の影響も及ぼさないということになります。

　上記の事例を踏まえて，次の条件を付加します。

　① 親会社から子会社へ200,000円の商品が売却されている。

② 子会社の受取利息のうち10,000円は，親会社に対するものである。

これらの取引は，親子間の取引であるため，相殺消去しなければなりません。
①の取引については，親会社の売上高300,000円から20,000円が，子会社の売上原価170,000円から20,000円が，それぞれ差し引かれます。そして，②の取引については，子会社の受取利息20,000円から10,000円が，親会社の支払利息10,000円から10,000円が差し引かれます。これを連結精算表の修正消去仕訳欄に記入すると次のようになります。

連 結 精 算 表

(単位：円)

科　目	個別貸借対照表			修正消去仕訳		連結損益計算書
	親会社	子会社	合計	借方	貸方	
売 上 高	300,000	200,000	500,000	20,000		480,000
受 取 利 息	30,000	20,000	50,000	10,000		40,000
合　　計	330,000	220,000	550,000			520,000
売 上 原 価	250,000	170,000	420,000		20,000	400,000
販 売 費	50,000	40,000	90,000			90,000
支 払 利 息	10,000		10,000		10,000	0
当期純利益	20,000	10,000	30,000			30,000
合　　計	330,000	220,000	550,000	30,000	30,000	520,000

(3) 開始仕訳

のれんの計算や債権債務の相殺消去（連結修正消去）は，簿外での修正となります。すなわち，そこで計算・修正された資産・負債・純資産・収益・費用などの項目は，個別財務諸表には反映されていません。連結財務諸表は個別財務諸表を合算するのですが，昨年度までに連結で修正したものは，個別財務諸表に反映されていません。そこで，開始仕訳が必要になります。

各会計期間の期首の時点で，これまでに執り行った連結修正消去を再度行う必要があります。この作業のことを開始仕訳といいます。この作業は過年度に行ったはずの収益・費用の項目を復元するものです。これらの収益・費用は過年度において発生したものであるため，繰越利益剰余金を修正することになります。また，過年度の収益・費用と同じ勘定科目を用いると，それは当期の損益科目の発

生・消滅を意味することになりますので，正しい期間損益計算ができなくなることに注意が必要です。

(4) 少数株主持分

次に，損益計算書の単純合算を考えてみます。親会社と子会社のP/Lを単純合算する際，子会社に親会社以外の株主が存在する場合，つまり少数株主持分がある場合，子会社の当期純利益のうち，少数株主持分に相当する利益は少数株主損益として処理することになります。例えば124頁の事例で，少数株主の持分割合が40％だとすると，10,000円×0.4＝4,000円が少数株主損益として処理され，同時に少数株主持分に追加されます。

(5) のれん償却

投資額と受入純資産との差額がのれんでした。いわば，子会社のブランド価値です。この価値は未来永劫続くわけではありません。ある会社を子会社に取り込んだ当初は，当該ブランドの価値も引き継いでいますが，次第にそのブランドイメージは減少していくと考えられます。したがって，わが国の会計基準では20年以内に徐々に価値を減少させていく会計処理を取ります（のれんの償却）。

121頁の事例におけるのれん10,000円を20年かけて均等に消滅させていくとすると，各会計年度で10,000円÷20年＝500円だけ，のれんを減少させ，同時にのれん償却という費用を計上することになります。

演習問題

次の条件により，連結貸借対照表を作成してみましょう。

P社は×1年3月31日に，S社の発行済議決権株式の60％を50万円で取得し，支配を獲得した。×1年3月31日現在におけるP社の貸借対照表は次のとおりである。よって，×1年3月31日現在における連結貸借対照表を作成しなさい。なお，税効果会計は適用しない。

貸 借 対 照 表
×1年3月31日現在　　　　　　（単位：万円）

資　産	P社	S社	負債・純資産	P社	S社
諸 資 産	300	200	諸 負 債	150	125
S社株式	50		資 本 金	100	40
			資本剰余金	50	25
			利益剰余金	50	10
	350	200		350	200

貸 借 対 照 表
×1年3月31日現在　　　　　　（単位：万円）

資　産	金　額	負債・純資産	金　額
諸 資 産		諸 負 債	
の れ ん		資 本 金	
		資本剰余金	
		利益剰余金	
		少数株主持分	

プレ演習問題の解答

問1	③	問2	①	問3	②	問4	③	問5	①

レッスン12

公正価値〜貨幣は価値を生む〜

プレ演習問題
Pre-Exercise

問1　1,000円を複利5％で貸し付けた場合，3年後には□□□□になる。
　①　1,158円　　②　1,150円　　③　1,000円

問2　□□□□価値とは，複利で一定期間運用した後に受け取る金額にするために必要な現在の一定の金額です。
　①　将来　　②　年金　　③　現在

問3　リース会計では，□□□□を利用して会計処理を行います。
　①　将来価値　　②　現在価値　　③　過去価値

問4　□□□□は，具体的には市場があるものは市場価格で，市場がないものは現在価値（現在割引価値）で評価します。
　①　取得原価　　②　公正価値　　③　年金価値

問5　利子率が□□□□と退職給付債務は少なくなる。
　①　高い　　②　低い　　③　同じだ

本レッスンでは，公正価値のうち将来価値（Future value：FV），現在価値（Present value：PV），年金の将来価値（Future value of an Annuity）および年金の現在価値（Present value of an Annuity）について学習します。

ステップ1

　友達に1万円を貸して，1カ月後に返済してもらう際に利息500円を要求するあなたは，がめつい，冷酷な奴（彼または彼女）でしょうか。逆に1万円貸して，1カ月後に元本の1万円だけを返済してもらったあなたは，損をしているのではないですか。貨幣は時の経過により利息を生むと考えれば，お金を貸して利息を取るのは経済的に合理的な考え方なのです。
　将来価値（FV）は，現在の一定金額を複利（compound interest）で運用する場合，将来のある一定時点における受払い金額で，公式は次のとおりです。

　　　将来価値＝元本×（1＋利子率）^{年数}

　それでは，元本1,000円を，利子率5％で3年間運用したとしたらいくらになるでしょうか（円未満四捨五入）。小学校高学年の算数の問題ですね。複利計算ですから，次の表のように利子を含めた金額に利率を乗算すれば求めることができます。答えは1,158円です。

期　　間	複利計算	複　利	元本＋利子
1年	1,000円×5％	50円	1,050円
2年	1,050円×5％	53円	1,103円
3年	1,103円×5％	55円	1,158円

　ここでは，期間が長くなると計算が複雑になりますので，公式を使って計算すると，1,000円×（1＋0.05）^{3}＝1,158円となります。（1＋0.05）^{3}を電卓で計算すると，1.05××＝＝で1.157625になって，小数点4位以下四捨五入で1.158円になり簡単に計算できます。4乗だと＝を3回押せばOKです。
　それでもさらに期間が長くなると計算が大変です。そこで，米国の会計学のテキストには，次のような現在の一定額の将来価値（FV of an Amount）の表が巻末

現在の一定額の将来価値（抜粋）

期　間	2.0%	3.0%	4.0%	5.0%	6.0%
1	1.020	1.030	1.040	1.050	1.060
2	1.040	1.061	1.082	1.103	1.124
3	1.061	1.093	1.125	1.158	1.191
4	1.082	1.126	1.170	1.216	1.262
5	1.104	1.158	1.217	1.276	1.338

にあり，簡単に計算できます。1,000円に期間3年，利率5％の交点1.158を乗算すれば，1,158円になります。

現在価値（PV）では，将来価値とタイムバリュー（time value）の考え方が逆になります。つまり，複利で一定期間運用した後に受け取る金額にするために必要な現在の一定の金額で，公式は次のとおりです。

　　現在価値＝将来価値÷（1＋利子率)^{年数}

それでは，利子率5％で3年後に1,158円を受け取るのに必要な現在の価値は，どのように求めますか（円未満四捨五入）。

公式を使って計算すると，1,158円÷(1＋0.05)^3≒1,000円になりますね。

しかし，期間が長くなると計算が大変です。将来価値の場合と同様に，米国の会計学のテキストには，次のような現在の一定額の現在価値（PV of an Amount）の表が巻末にあり，簡単に計算できます。1,158円に期間3年，利率5％の交点0.864を乗算すれば，1,000円（端数処理）になります。

一定額の現在価値（抜粋）

期　間	2.0%	3.0%	4.0%	5.0%	6.0%
1	0.980	0.971	0.962	0.952	0.943
2	0.961	0.943	0.925	0.907	0.890
3	0.942	0.915	0.889	0.864	0.840
4	0.924	0.888	0.855	0.823	0.792
5	0.906	0.864	0.822	0.784	0.747

会計学では，退職給付会計，減損会計およびリース会計などでこのような考え方により会計処理を行っています。

将来価値であっても，年金の将来価値とは何でしょうか。それは，一定期間ごとに支払う（受け取る）一定額を複利で運用した場合に将来の一時点で自由に使える金額です。それでは，年利5％，期間3年，毎年1,000円を支払う場合，期首年金（Annuity due），期末年金（Ordinary annuity）の将来価値を計算してみましょう（円未満四捨五入）。

期首年金と期末年金の違いを確認しておきましょう。20X1年1月1日から20X3年12月31日までの3年間であれば，期首年金は20X1年1月1日，20X2年1月1日，20X3年1月1日に1,000円を支払うことになります。これに対し，期末年金は20X1年12月31日，20X2年12月31日，20X3年12月31日に1,000円を支払うことになるのです。

そこで期末年金の将来価値の表を使いますと，期末年金の将来価値は，3年と年利5％の交点3.153×1,000＝3,153円となります。

期末年金の将来価値の表を使いますので，期首年金の将来価値は少々複雑になります。1期間長い期末年金の将来価値（4年と年利5％の交点）から1を控除して，(4.310－1)×1,000円＝3,310円となります。期首に支払う場合と期末に支払う場合には，利息が違ってくるのがわかりますよね。

期末年金の将来価値（抜粋）

期間	2.0%	3.0%	4.0%	5.0%	6.0%
1	1.000	1.000	1.000	1.000	1.000
2	2.020	2.030	2.040	2.050	2.060
3	3.060	3.091	3.122	3.153	3.814
4	4.122	4.184	4.246	4.310	4.375
5	5.204	5.309	5.416	5.526	5.637

さて，年金の現在価値とは，一定期間ごとに継続して一定額を支払い（受取り），将来の一時点で当該支払（受取）合計額から利子に相当する部分を差し引いた金額です。それでは，利子率5％，期間3年，毎年1,000円を支払う場合，期首年金，期末年金の現在価値を計算してみましょう（円未満四捨五入）。

期末年金の現在価値の表から，期末年金の現在価値は，3年と年利5％の交点 2.723 × 1,000 円 ＝ 2,723 円となります。

期首年金の現在価値は，1期間短い期末年金の現在価値（2年と年利5％の交点）に1を加えて求めます。つまり，（1.859 ＋ 1）× 1,000 円 ＝ 2,859 円となります。

期末年金の現在価値（抜粋）

期　間	2.0%	3.0%	4.0%	5.0%	6.0%
1	0.980	0.971	0.962	0.952	0.943
2	1.942	1.913	1.886	1.859	1.833
3	2.884	2.829	2.775	2.723	2.673
4	3.808	3.717	3.630	3.546	3.465
5	4.713	4.580	4.452	4.329	4.212

ステップ2

国際会計基準（IFRS）は，公正価値により評価をします。公正価値（いわゆる時価）は，具体的には市場があるものは市場価格で，市場がないものは現在価値（現在割引価値）で評価します。企業が所有している上場会社の株式は，証券取引所で株価が今いくらか，判断することができます。それでは，市場がない場合，現在価値ではどのように評価するのでしょうか。

> 将来キャッシュ・フローの割引率は4％とし，割引前キャッシュ・フローが1年目末に9,360千円，2年目末に8,112千円，3年目末に7,874千円，この他残存価値（最後に企業を売るとした場合の価値）7,311千円のある企業の評価はどのように計算したらよいでしょうか。

計算結果は，次のとおりです。

$$\frac{9,360 千円}{1+0.04} \times \frac{8,112 千円}{(1+0.04)^2} + \frac{(7,874 千円 + 7,874 千円)}{(1+0.04)^3} = 9,000 千円 + 7,500 千円 +$$

13,499 千円 ＝ 30,000 千円（千円未満四捨五入）

129頁の一定額の現在価値（抜粋）の表を利用して計算もできます。

9,360千円×0.962＋8,112千円×0.925＋(7,874千円＋7,311千円)×0.889＝30,004千円

あらあら千円未満切捨てして計算しましたが，端数が調整できませんでした。これは，一定額の現在価値（抜粋）の表が1年目の1÷(1.04)＝0.961538……について小数点4位を四捨五入して0.962としているからです。2年目以降も同じですね。

さて，現在価値＝現在割引価値による計算方法を，ディスカウント・キャッシュ・フローの頭文字をとってDCF法といいます。固定資産の減損会計の使用価値の計算でもこの方法を利用します。

この計算方法は，退職給付債務の計算にも利用されます。退職給付債務のイメージは，図表12－1のとおりです。

図表12－1　退職給付債務のイメージ

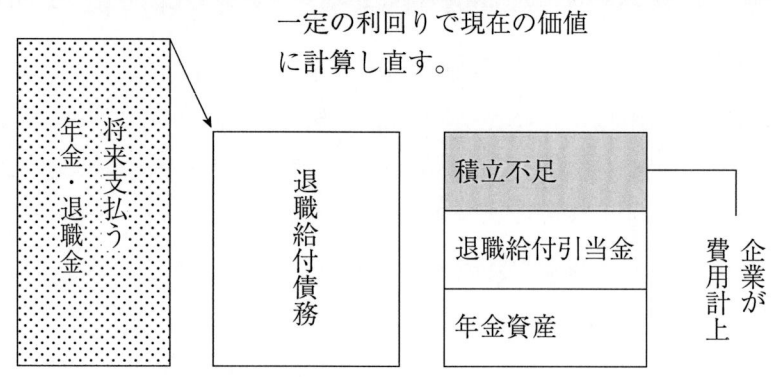

（出所）『日本経済新聞』2004年9月7日朝刊。

> 従業員に対して10年後に1,000万円の退職金を支払わなければならない場合，現在の退職給付債務はいくらになるでしょうか。

利子率（割引率）が2％だと次のように計算します。

$$1{,}000\text{万円} \times \frac{1}{(1 \times 0.02)^{10}} = 約820\text{万円}$$

利子率（割引率）が5％だと約614万円になります。つまり，利子率が高いと退職給付債務は少なくなるのです。逆に資産であれば，割引率が高いほど少なくなり，割引率が低いほど多くなります。10年後の110千円は，年利10％の場合100千円，年利1％の場合約109千円という具合です。

次に，期末年金の現在価値を取り上げます。

> 3,000千円を借入れて，毎年末に1,000千円を3年間にわたり返済するとします。利率が4％の場合，1年目，2年目および3年目末の返済額と支払利息額はいくらになるでしょうか。4％の期末年金の現在価値率は，次のとおりです。
>
> | 期　間 | 1 | 2 | 3 |
> |---|---|---|---|
> | 率 | 0.962 | 1.886 | 2.775 |

3,000千円の現在価値，つまり債務額は，1,000千円×2.775＝2,775千円になります。したがって，支払利息額は3,000千円－2,775千円＝225千円ですね。そこで，各年末の返済額を表にしてみましょう。

期間	債務額	返済額	支払利息額
	2,775千円		
1	1,886千円	889千円	111千円
2	962千円	924千円	76千円
3	0	962千円	38千円
計		2,775千円	225千円

1年目の債務額は，1,000千円×1.886＝1,886千円，1年目末はあと2年ですから交点は1.886ですよね。返済額は2,775千円－1,886千円＝889千円，利子額は1,000千円－889千円＝111千円です。問題ありませんよね。2年目債務額は1,000千円×0.962＝962千円，返済額は1,886千円－962千円＝924千円，利子額は1,000千円－924千円＝76千円です。3年目は表のとおりです。理解できましたか。

期末年金の現在価値は，リース会計でリース料と支払利息額を計算する場合に

利用されます。

演習問題

問1 129頁の現在の一定額の将来価値（抜粋）と現在の一定額の現在価値（抜粋）の表を用いて，次の計算式・値を記入しなさい（円未満は四捨五入）。

(1) もし年複利4％で100,000円を今投資すれば，5年後にいくら受け取ることができるか？

（計算式・値）

(2) 年複利5％で5年後に50,000円受け取るためには，今いくら投資をすればよいか？

（計算式・値）

問2 130頁と131頁の期末年金の将来価値（抜粋）と期末年金の現在価値（抜粋）の表を用いて，次の計算式・値を記入しなさい（円未満は四捨五入）。

(1) 5年間（5回），毎年初めに10,000円引き出すためには，年複利4％として，今いくら投資すればよいか？

（計算式・値）

(2) もし今年初めに半年複利6％で20,000円を銀行に預金すれば，2年間（4回），6カ月ごとにいくら引き出すことができるか？

（計算式・値）

（3）5年後に預金が 10,000 円になるには，年複利 3 ％として毎年末にいくらずつ預金すればよいか？

（計算式・値）

問3　キャッシュ・フロー（CF）について 5 年間の予測および残存価値（最後に企業を売却するとした場合の価値）は，次のとおりです。

（単位：千円）

	1年	2年	3年	4年	5年	残存価値
CF	10,000	15,000	18,000	22,000	25,000	90,000

現在価値率（利子率）を 6 ％とした場合，DCF 法により企業の評価額を求めなさい。なお，各期間の DCF の計算は，千円未満四捨五入のこと。

現価係数表（一部抜粋）

期間	1年	2年	3年	4年	5年
6 ％	0.9434	0.8900	0.8396	0.7921	0.7473

問4　期末に 140,000 円ずつ 6 年間借入金を返済するとした場合，毎年末の借入金返済と支払利息額を計算しなさい。ただし，年複利 5 ％とします。現価係数表（一部抜粋）は次のとおりです。

期間	1年	2年	3年	4年	5年	6年
5 ％	0.9524	1.8594	2.7232	3.5460	4.3295	5.0757

【解答欄】

期間	債務額	返済額	支払利息額
	710,598		
1			
2			
3			
4			
5			
6			
小計			
合計			

　さて，年利2％，期間10年の社債総額1,000万円を発行している場合，現在価値は約820万円になります。当該会社の経営状態が悪化し，社債の償還リスクが高まると，利率が高くなります。仮に年利5％になったとすると，現在価値は約614万円になります。あれっ！　社債発行会社の経営状態が悪化して社債の償還リスクが高まり，年利が2％から5％に高くなると，負債の額が約206万円減りましたね。これって，利益が約206万円生じたことになりませんか？　これを負債のパラドックスといいます。会計基準では，この場合，利益の計上を認めていません。

プレ演習問題の解答

| 問1 | ① | 問2 | ③ | 問3 | ② | 問4 | ② | 問5 | ① |

レッスン 13

損益分岐点分析～変動費と固定費～

プレ演習問題
Pre-Exercise

問1 損益分岐点分析では，総費用を _____ と固定費に分ける。
　　① 変動費　　② 直接費　　③ 間接費

問2 損益分岐点売上高は，固定費を _____ で除して求める。
　　① 限界利益率　　② 貢献利益率　　③ 純利益率

問3 損益分岐点は，_____ を引き下げることにより改善できる。
　　① 固定費　　② 販売単価　　③ 販売数量

問4 平均購入点数および平均単価が一定の場合，_____ を増やすことにより売上高を伸ばすことができる。
　　① 客数　　② 店舗面積　　③ 商品

問5 品質を落とさずに1個当たりのハンバーガーの利益を増やすためには，_____ を減らせばよい。
　　① 原材料費　　② 人件費　　③ 販売単価

本レッスンでは，費用を変動費と固定費に区分して分析します。例えば，マックが210円から100円に値下げしたのに営業利益は増加したのはなぜかなどです。また，変動費と固定費に関連して，損益分岐点分析により利益の分析を行うことができます。

ステップ1

　損益分岐点は，企業の収支がトントンとなる売上高が，実際の売上高に比べてどの程度に相当するかを示す指標です。この比率が低い企業ほど経営の効率が良く収益力が高いと判定します。また，損益分岐点が低い企業であれば，減収に対

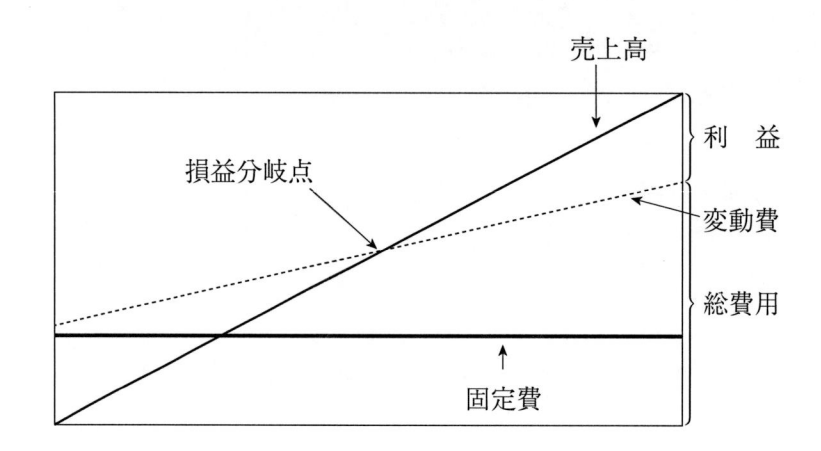

図表13－1　損益分岐点図

損益分岐点公式

売上高－変動費＝限界利益

固定費－限界利益＝0

$$\begin{aligned}
固定費 &= 限界利益 \\
&= 売上高 - 売上高 \times \frac{変動費}{売上高} \quad \text{（変動費率）}\\
&= 売上高 \times \left(1 - \frac{変動費}{売上高}\right) \quad \text{（限界利益率）}
\end{aligned}$$

$$売上高 = \frac{固定費}{\left(1 - \dfrac{変動費}{売上高}\right)}$$

応する余力があり，赤字を回避できます。損益分岐点を下げるには，人件費の削減や原材料の調達価格の引き下げなどが必要となります。また，損益分岐点は，会社がどのくらいの売上高を達成すれば，損益がトントンになるか，ある利益を得るために必要な売上高を計算するのに役立ちます。損益分岐点図で示すと図表13-1のとおりです。ついでに，それを公式化してみましょう。変動費は販売数

(1) 固定費の削減

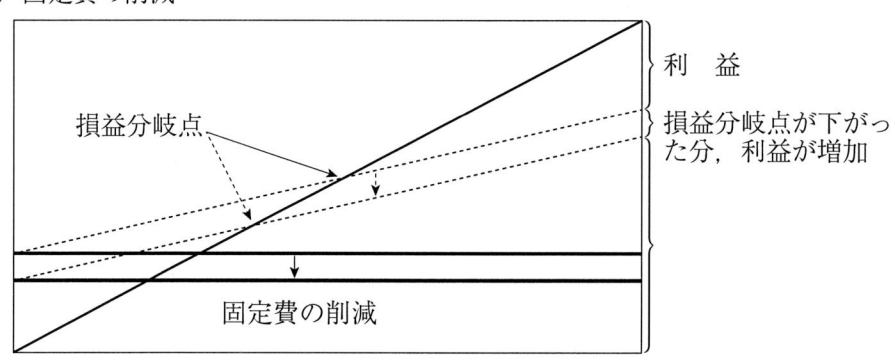

(2) 変動費の削減

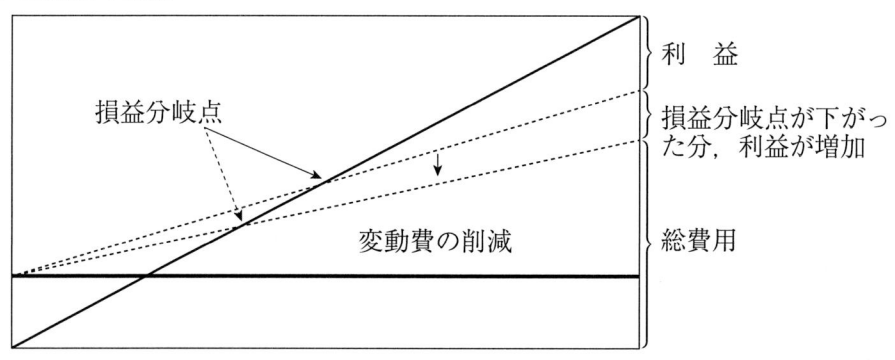

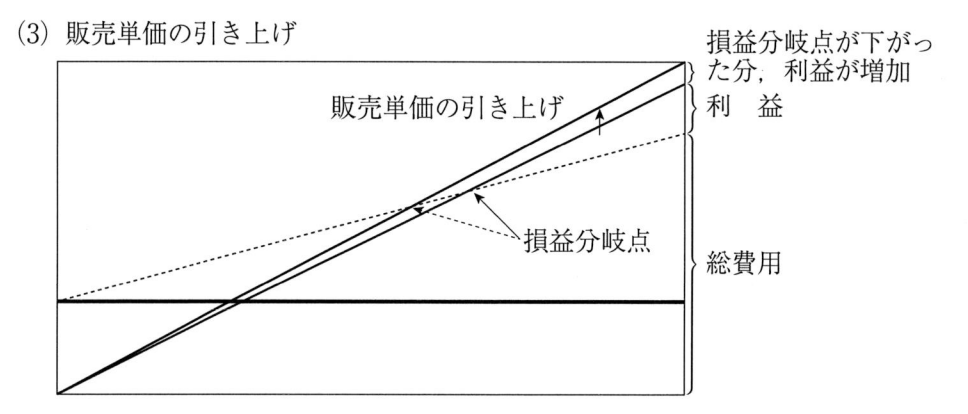

(3) 販売単価の引き上げ

レッスン13　損益分岐点分析〜変動費と固定費〜　| 139

量に応じて増加し，固定費は販売数量に関係なく一定額になります。

さて，損益分岐点を引き下げるためにはどうしたらよいのでしょうか。これには次の3つの方法があります。

損益分岐点を引き下げれば，その分利益が増加します。理解できたでしょうか。

> 利益目標100万円，予定固定費1,000万円，変動費率0.6の場合，売上高はいくらになるでしょうか。

$$売上高 = \frac{固定費 + 利益目標}{\left(1 - \frac{変動費}{売上高}\right)}$$ ですから，$\frac{(1,000万円 + 100万円)}{(1 - 0.6)} = 2,750万円$になります。損益分岐点売上高はいくらになるかおわかりですよね。そう，2,500万円です。

さて，企業の収益力の余裕をはかる尺度として利用されるのが安全余裕率です。これは，売上高が損益分岐点売上高を上回る額の売上高に対する比率です。

$$安全余裕率 = \frac{(売上高 - 損益分岐点売上高)}{売上高} \times 100$$

前述のように，限界利益は，変動費を控除した固定費控除前の利益です。しかし，A商品の限界利益がB商品よりも大きいからといって，「A商品の方が儲かっている」と単純に判断できません。なぜなら，B商品よりA商品の方が売るための努力が余計にかかることもあるからです。つまり本当に儲かっているかどうかは，その商品に要した固定費として把握できる販売費を考慮して判断すべきなのです。これには商品別の広告費とか販売人件費があり，直接固定費といいます。これに対して，A商品やB商品に共通に発生するのが共通固定費です。そこで，商品別限界利益から個々の商品販売に直接要した直接固定費を控除したものを貢献利益と呼んでいます。

貢献利益は，商品別のほか事業別，地域別に応用的に利用できます。事業別の貢献利益は事業部利益ともいいます。貢献利益の総額から，その各事業別に配賦された共通固定費を控除して最終利益を求めます。

商品別貢献利益の計算	事業別貢献利益の計算
売　上　高 変　動　費（－）	事業別売上高 変　動　費（－）
限　界　利　益	限　界　利　益
直　接　固　定　費（－）	直　接　固　定　費（－）
貢　献　利　益	貢　献　利　益

ステップ2

　売上高はどのようにして決まるのでしょうか。お客さんがいくらの商品をどのくらい購入するかです。公式は次のとおりです。

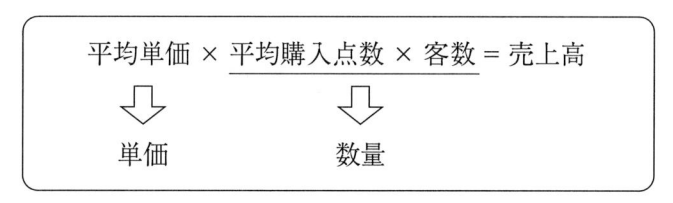

平均単価 × 平均購入点数 × 客数 ＝ 売上高
　　⇩　　　　　　⇩
　　単価　　　　　数量

　あるスーパーで売上が減ったので，コンサルティングを受けました。その結果，客数が減ったことによることがわかりました。そのスーパーは，もともと低価格衣料品で伸びてきたのですが，近くにユニクロが進出し，そちらにお客さんを奪われたことが原因でした。つまり，そのスーパーに衣料品を買いに来たついでに食料品を買っていたお客が減ったのです。それで購入点数が減り売上高が伸び悩んだというわけです。コンサルタントによれば，ユニクロと競合しない衣料品を配置して，お客を呼び込む必要があるとのことでした。

　ある100円ショップの1個当たりの平均原価は約73円です。つまり，1個売って売上総利益（粗利）は約27円です。27円しか儲けがないと馬鹿にしてはいけません。その企業のある年度の売上総利益は約328億円でした。売上数量12億2,997万個です。店舗が837あるそうですから，1店舗当たり売上数量は約147万個になります。1日当たり売上数量は約4,000個だそうです。売上数量が増え

れば売上高も伸び利益も増えますが，広告宣伝費をかけない，包装しない，対面による説明をしない，すべて100円のためレジでの計算処理の手数が省け人件費が削減できる（例えば98円をレジで打つより1秒短いとか）というコストダウンの努力をしてさらに利益を伸ばしているのです。100円ショップで買い物をした方はご存知のようにmade in Chinaと書いてありますよね。最近，中国の労働者の賃金は上昇傾向にあるそうですが，賃金は日本の10分の1といわれています。日本ではなく中国で生産してコストダウンしているのです。

　コストの話がでましたので，日本マクドナルドを取り上げましょう。日本マクドナルドは，ハンバーガーを210円から100円に値下げしました。日本マクドナルドが進出して，銀座に第1号店ができたのが1971年，このときのハンバーガーは80円でした。ちなみにこの年に円が1ドル360円から308円に切り上げになりました。これで日本の輸出産業は大打撃を受けるといわれたものですが，現在102円前後（2014年2月14日）です。それはさておき30年以上過ぎて20円高いだけです。これで儲かるわけがない，赤字だろうと思われるかもしれませんが，どっこい逆に営業利益は増加したのです。図表13-2をみてください。

図表13-2　100円ハンバーガーで儲かる理由？

	210円バーガー	100円バーガー
原材料費	57.5円	57.5円
社員人件費	40.7円	2.3円
店舗賃借料	21.0円	1.2円
広告宣伝費	11.3円	0.6円
その他の経費	66.6円	3.7円
営業利益	12.9円	34.7円

　損益分岐点分析では，原材料費は販売数量に応じて増加しますので変動費になります。社員人件費などは販売量に関係なく一定ですから固定費です。ところが，本例では，1個当たりのハンバーガーですから，変動費が固定し逆に固定費が変動します。そうすると，100円の方が210円の時より21.8円営業利益が増加しています。そうです，販売量が増加して1個当たりの社員人件費などが減ったので，その分，営業利益が増加したのです。日本マクドナルドは，210円から

100円に値下げすることにより販売数量が大幅に増加し、1個当たりの社員人件費などが減少するので営業利益が増加すると考えたのです。決して値段を下げた分、ハンバーガーの質を落としたわけではありません。

スーツの話です。「スーツ2着目半額」という新聞の折り込み広告をみたことはありませんか。これで本当に儲かるのでしょうか。それとももともと安く生産できるスーツを高く販売しているのでしょうか。その秘策は、図表13-3のとおりです。

図表13-3をみてください。生地・仕立てのコストは、販売数量に応じて比例的に増加します（ここでは、生地の数量の増加による値引きやリベートを考慮しません）。つまり、変動費です。これに対して、人件費・家賃は固定費ですから、販売数量にかかわらず一定です。1着3万円であれば買う気がなくても、2着目半額であれば買うというお客がいるかもしれません。

図表13-3 スーツ2着目半額の秘策

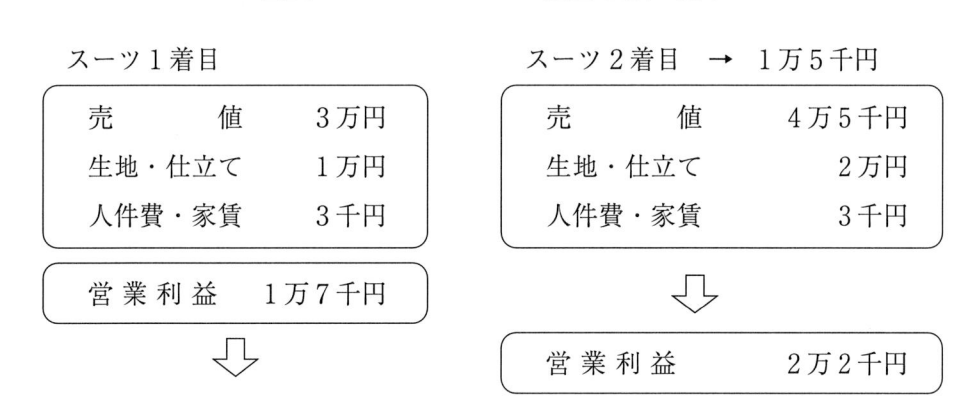

スーツ1着目		スーツ2着目 → 1万5千円	
売　　　　値	3万円	売　　　　値	4万5千円
生地・仕立て	1万円	生地・仕立て	2万円
人件費・家賃	3千円	人件費・家賃	3千円

営業利益	1万7千円

営業利益	2万2千円

そうすれば、1着販売したときより営業利益の割合は減少しますが、5千円は増えます。1着も販売できなかった場合より販売店にとってベターですね。

さて、損益分岐点比率を利用して、主な業種の業績の状況を検討しましょう。

$$損益分岐点比率 = \frac{損益分岐点売上高}{実際売上高} \times 100$$

図表13-4をみてください。損益分岐点比率が低いということは、その分利益が発生しているということになります。鉄鋼業界や海運業界の比率がやたら改善

しているのは，中国への輸出が伸びたからだといわれています。当時，北京オリンピックや上海万博で建設業が伸び，鉄の需要が増加したからです。輸出が増加すれば船舶の需要が増加するので，海運業界が潤うのです。2008年に自動車が悪化しているのは，リーマンショックの影響による販売不振の結果です。ちなみに，2008年度のトヨタ自動車の当期純利益は前年度の1兆7,178円の黒字から4,370万円の赤字になりました。このように，損益分岐点分析は，業界の業績判断にも利用できます。

図表13－4　主な業種の損益分岐点比率の推移（単位：％）

		1993年度	2003年度	2004年度	2007年度	2008年度
製造業全体	化　　学	93	82	76.5	74.8	88.1
	鉄　　鋼	103	80	65.6	60.5	71.8
	電　　機	95	87	84.6	79.1	91.6
	自　動　車	97	78	80.4	72.4	96.2
非製造業全体	海　　運	103	55	40.5	－	－
	サービス	87	86	84.8	－	－

（出所）『日本経済新聞』2004年9月10日，2005年9月17日，2008年9月10日および2009年9月12日朝刊を一部修正。

演習問題

問1　次の設問に答えなさい。

　設問1　前事業年度の営業利益の実績に関する次の資料に基づいて，(1)損益分岐点売上高，(2)安全余裕率および(3)当事業年度に営業利益2,000万円を得るために必要な売上高を求めなさい（％小数点以下四捨五入）。ただし，当事業年度の固定費および変動費率は前事業年度と変わらないと予測される。

　　売　上　高　　7,000万円
　　変　動　費　　4,200万円
　　固　定　費　　1,200万円
　　営業利益　　　1,600万円

	算　式　・　値
(1)	
(2)	
(3)	

設問2　次の損益計算書から（1）〜（4）に答えなさい。

<u>　損　益　計　算　書　</u>

売　　上　　高　　　4,000万円
売　　上　原　価　　2,000万円（すべて変動費）
販売費・一般管理費　1,200万円（うち，変動費400万円，固定費800万円）
営　業　利　益　　　　800万円

(1) 損益分岐点売上高はいくらか。
(2) 売上高が4,500万円のとき，営業利益はいくらか。
(3) 変動費が600万円増加すると，損益分岐点売上高はいくらか。
(4) 固定費が600万円増加し，変動費が400万円低下すると，100万円の利益をあげるにはいくらの売上高が必要となるか。

	算　式　・　値
(1)	
(2)	
(3)	
(4)	

問2 N社は製品事業部制を採用している。A事業部とB事業部の売上高と変動費,固定費の内訳は次のとおりである。A事業部とB事業部の限界利益と貢献利益を求めなさい。

(単位:百万円)

	A事業部	B事業部	合　計
売　上　高	800	600	1,400
変動売上原価	500	400	900
変動販売費	80	40	120
個別固定費	100	60	10
共通固定費	－	－	140

	限界利益	貢献利益
A事業部	百万円	百万円
B事業部	百万円	百万円

プレ演習問題の解答

| 問1 | ① | 問2 | ① | 問3 | ① | 問4 | ① | 問5 | ② |

　本レッスンでは,増田茂行『100円ショップの会計学』祥伝社新書,2008年,金子哲雄『「激安」のからくり』中公新書,2010年,『日経ビジネス』誌などを参考にしています。

レッスン 14

非営利組織会計のしくみ

プレ演習問題
Pre-Exercise

問1 非営利組織と営利企業の違いは，端的にいうと □□□□ という点にある。
　① 経営者に相当する人がいない　　② 利益の分配がない
　③ 社会的責任を有する

問2 非営利組織の主な財源は □□□□ である。
　① 銀行からの借入れ　　② 社債　　③ 寄付金

問3 US-GAAP によると永久拘束純資産とは，□□□□ の永久的な拘束のある資産に相当する純資産の部分である。
　① 管理者　　② 都道府県知事　　③ 寄贈者

問4 非営利組織の財務報告の基本目的は，FASB の概念フレームワークの □□□□ で示されている。
　① 第3号　　② 第4号　　③ 第6号

問5 FASB が非営利組織会計に関する概念フレームワークを作成するに先だって，調査依頼をしたハーバード・ビジネス・スクールの教授は □□□□ である。
　① ロバート・アンソニー　　② ピーター・ドラッカー
　③ ロバート・キャンベル

本レッスンでは，まず，非営利組織の会計について先進国である米国の非営利組織会計に焦点を当てます。そして，わが国の非営利組織会計の現状について考えます。非営利組織にはNPO法人の他に，公益法人，学校法人，宗教法人，社会福祉法人，および医療法人などがあります。しかし，これらのすべてについて学習することはできませんので，わが国の非営利組織に関しては今後の課題について総括します。

ステップ1

(1) 非営利組織会計の業績評価

営利企業と非営利組織を区別する場合の焦点は，利益動機があるかどうかです。企業会計では利益の獲得に最大のウエイトが置かれます。これに対して非営利組織は「非営利組織が目標とするものは利益獲得以外の何かであり，本質的にそれはサービスを提供すること」[1]にウエイトが置かれることになります。したがって，非営利組織の財務報告は，獲得した利益の報告に焦点が当てられるわけではありません。米国の財務会計基準審議会（FASB）が，アンソニーに依頼した調査報告書『非営利組織体の財務会計に関する調査報告書』（アンソニー報告書）によると，非営利組織の業績評価情報として次の4点をあげています[2]。

① 財務的生存力（サービスの提供を続けるために必要な財務的な能力）を評価するための情報
② 使途指令などへの準拠性を評価するための情報
③ 管理者の管理業績を評価するための情報
④ 提供したサービスのコストを評価するための情報

これら4つの情報を提供することが，非営利組織会計に求められるという調査結果が報告されています。FASBはこれらの情報を提供するための財務会計概念書および財務会計基準書（SFAS）を作成し，公表しています。

(2) 非営利組織会計に関するFASB会計概念・基準

わが国では，非営利組織会計の基準は統一されていません。米国では1970年代から非営利組織会計の研究が進められ，現在では統一した会計基準が設定され

ています。この基準を設定しているのが前述の FASB です。

　FASB はこれまでに 8 つの財務会計概念書を公表しています。その内の第 4 号と第 6 号が非営利組織に関するものです。第 4 号は『非営利組織の財務報告の基本目的』です。第 6 号は『財務諸表の構成要素』です。そして，これらの財務会計概念書にしたがって，図表 14 − 1 に示すような SFAS が公表されています。

図表 14 − 1　非営利組織会計に関する会計基準書

SFAS 第 93 号	非営利組織による減価償却の認識
SFAS 第 95 号	キャッシュ・フロー計算書
SFAS 第 116 号	受入寄付金と支払寄付金の会計
SFAS 第 117 号	非営利組織の財務諸表
SFAS 第 124 号	非営利組織が保有する特定の有価証券に対する会計
SFAS 第 136 号	他者のために寄付を募集・保有する非営利組織体や慈善目的の信託に対する資産の譲渡

　このように米国では非営利組織の会計基準の統一が図られています。しかし，わが国においては未整備です。非営利組織には学校法人，医療法人，宗教法人，社会福祉法人，および公益法人などがありますが，組織体の種類によりそれぞれ異なる会計基準が設定されています。このような状態であるといくつかの問題点が生じます。例えば，①種類の異なる組織体間の比較ができない，②財務諸表を読み取ろうとする際に，それぞれの会計基準を熟知しておかなければならないなどの問題点です。

(3) 営利・非営利組織の区別

　財源に着目すると，非営利組織にはタイプ A とタイプ B の 2 つのタイプがあります。タイプ A についてアンソニー報告書では，財源の大部分を物品の販売やサービスの提供により獲得している組織体と述べられています。そして，タイプ B については，財源の主要な部分を物品の販売やサービスの提供以外の源泉から獲得している組織体と述べられています。両タイプの関係について示すと図表 14 − 2 のようになります[3]。

図表 14 − 2　組織体を区別する 2 つの分類法

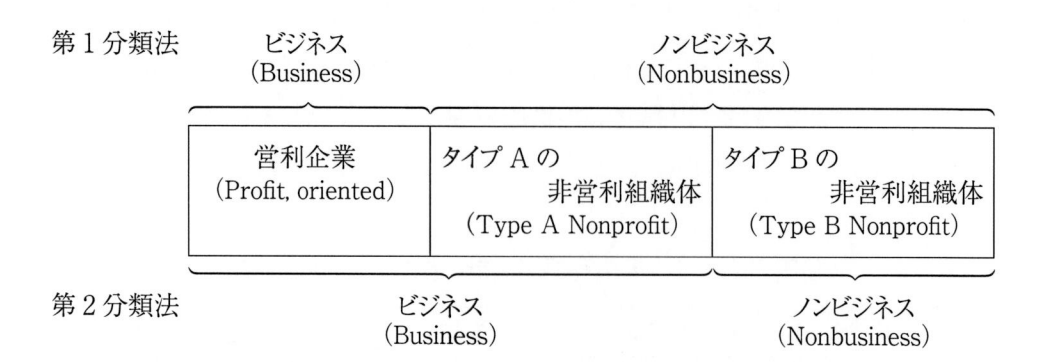

第 1 分類法	ビジネス（Business）		ノンビジネス（Nonbusiness）
	営利企業 (Profit, oriented)	タイプ A の 非営利組織体 (Type A Nonprofit)	タイプ B の 非営利組織体 (Type B Nonprofit)
第 2 分類法	ビジネス（Business）		ノンビジネス（Nonbusiness）

　第 1 分類法はビジネスを狭義に解釈した分類です。それに対し，第 2 分類法はビジネスを広義に解釈した分類です。タイプ A に属する組織体は利益誘因に触発されません。その点では営利企業と違うタイプといえます。しかし，会計の概念としては企業会計に極めて近いタイプといえます。FASB はタイプ A に属する組織体には，営利企業に対する財務報告の基本目的を示した「財務会計概念書第 1 号の基本目的の方が適切であろう」[4]と述べています。FASB 基準は，主としてタイプ B に属する組織体を対象としています。しかし，タイプ A に属する組織体の中にも非営利組織会計を適用した方が良いと思われる組織体もあります。また，両者の中間に位置する組織体も存在します。したがって，タイプ A の非営利組織については，企業会計を適用するのか，非営利組織会計を適用するのかの判断が困難だといえます。

ステップ2

　ここでは，FASB の非営利組織会計の特徴についてみてみます。

(1) 純資産の分類

　FASB は前述の 4 つの業績評価情報を提供するために，非営利組織体の純資産を企業会計とは異なる 3 つのカテゴリーに区分しています。「永久拘束純資産」，「一時拘束純資産」，および「非拘束純資産」の 3 つです。米国の一般に認められた会計原則 (US-GAAP) によると「永久拘束純資産」とは，「寄贈者の永久的な拘束または組織体によって永久的に維持されることを求める法律の規定によって拘

束されている純資産」[5]です。「一時拘束純資産」とは「資産が使用される期間または資産が使用される目的のいずれかによって，拘束されている純資産」[6]です。そして，「非拘束純資産」とは「その他すべての純資産」[7]です。

　非営利組織の財源は寄付者などの資源提供者からの資源提供に支えられています。FASBの純資産の区分は，寄付者などが課した提供資源に対する拘束の有無あるいは拘束期間の長短と密接に関係した区分となっています。

　FASBはこのように純資産を区分した財務報告手法を用いることで，非営利組織の「財務的生存力」，「使途指令などへの準拠性」，「管理者の管理業績」，および「提供したサービスのコスト」を評価できると考えています。

(2) 評価の視点

　非営利組織は利益追求が目的ではありませんので，純利益という用語を用いることは適切ではありません。FASBは純利益に代わる用語として「純資産の変動」という用語を用いています。毎期純資産を維持しておけば財務的に生存できる能力（財務的生存力）があると解釈できます。非営利組織会計では，物価変動などを考慮しないとすれば前期とほぼ同程度の純資産が維持されておけば良いと判断されます。

　しかし，FASBは「ある組織体が総計として純資産を維持しているかどうかということよりも，ある区分の純資産を維持しているかどうかということの方が重要である」[8]とも述べています。つまり，純資産を総額で維持し，かつ，3つのカテゴリーごとに維持することが評価の視点となるということです。

　「永久拘束純資産」は，土地や美術品といった現物資産に付された拘束，あるいは資産の名目額を維持するという拘束が付された資産に相当する部分です。この純資産を維持しているかどうかを確認することで主として「使途指令などへの準拠性」，「管理者の管理業績」および「財務的生存力」などが評価できると考えられます。

　「一時拘束純資産」は，備品などの特定の資産を取得するため，あるいは一定期間保管しておく約束で受け取った寄付金などに相当する部分です。この純資産の運用状況を確認することで主として「使途指令などへの準拠性」や「管理者の管理業績」などを評価することができます。また，「一時拘束純資産」は将来において運用可能となる資源と考えられますので，毎期同額を維持する努力（当期

に活用した分と新たに調達した分が毎期同程度になる努力）をすることが重要な純資産だといえます。すなわち，どれだけの将来運用可能資源があるのかを判断することができるため，維持しておけば将来への備えが毎期安定確保できているということになります。

「非拘束純資産」の変動は，企業会計でいう純利益に近いものと考えられます。それは，当該期間に活用できる資源と，実際に活用した資源との差額だからです。営利企業の場合は純利益は多ければ多い方が良いとされていますが，非営利組織はそうではありません。非営利組織の場合は大きな純利益は，それだけ提供可能なサービスを提供していないと評価されてしまいます。したがって，「非拘束純資産」の増大はゼロかゼロをわずかに上回る程度が良いといえます。「非拘束純資産」の維持を確認することで主として「財務的生存力」や「提供したサービスのコスト」などが評価できると考えられます。

ステップ3

ここでは，非営利組織の財務報告についてみてみます。

FASBが公表している財務諸表には貸借対照表，事業活動計算書，およびキャッシュ・フロー計算書の3つがあります。しかし，キャッシュ・フロー計算書については，企業会計で利用されているものとあまり変わりがありません。したがって，主要財務諸表である貸借対照表と損益計算書について説明します。

(1) 貸借対照表

貸借対照表とは一定時点における組織体の財政状態（資産，負債および純資産の状態）を示す財務表です。FASBのSFAS第117号『非営利組織体の財務諸表』では，「(a) 継続的役務提供能力，(b) 組織体の流動性，財務的弾力性，債務返済能力，および外部資金の必要性を評価するのに有用」[9]と述べています。

SFAS第117号の非営利組織の貸借対照表の骨子を示すと図表14-3のようになります。特徴点をみてみます。資産の部で目に付くのは，「土地・建物・設備への投資に使途が拘束された資産」という項目です。これは土地，建物および設備等の取得のために使用するという目的で保有している現金および現金同等物です。つまり，寄贈者がこれらの固定資産を取得するために寄付したものです。負

債の部は，これといった特徴は見あたりません。次に純資産の部を確認すると，区分が企業会計と異なります。「非拘束純資産」，「一時拘束純資産」および「永久拘束純資産」となっています。このように非営利組織体の貸借対照表では，寄贈者の拘束により純資産を区分しています。

　配列については，資産の部では流動性配列法により配列されています。ただし，流動・固定分類に特徴があります。通常，現金および現金同等物は流動資産ですが，寄贈者の拘束がある拘束資産については，流動資産であっても固定資産として配列されています。また，純資産の部については，それぞれの純資産項目が組織体の意思で弾力的に運用できる順にしたがったいわば弾力性配列法とでもいうべき配列法をとっています。つまり，拘束の有無または拘束期間の長短によって配列されているということです。

図表14－3　非営利組織体の貸借対照表

貸　借　対　照　表
19×1，19×0 年 6 月 30 日　　　　　　　　　（単位：千ドル）

資　産	19×1	19×0	負債・純資産	19×1	19×0
資産の部			負債の部		
現金および現金同等物	75	460	支払債務	2,570	1,050
受取債権および未収利息	2,130	1,670	前受金		650
棚卸資産および前払費用	610	1,000	未払補助金	875	1,300
未収寄付金	3,025	2,700	支払手形		1,140
短期投資	1,400	1,000	年金債務	1,685	1,700
土地・建物・備品への投資に使途が拘束されている資産	5,210	4,560	長期債務	5,500	6,500
土地・建物・備品	61,700	63,590	負債総額	10,630	12,340
長期投資	218,070	203,500	純資産の部		
			非拘束純資産	115,228	103,670
			一時拘束純資産	24,342	25,470
			永久拘束純資産	142,020	137,000
			純資産総額	281,590	266,140
資産総額	292,220	278,480	負債および純資産総額	292,220	278,480

(出所) FASB, Statement of Financial Accounting Standards No.117. *Financial Statement of Not-for-Profit Organizations,* 1993 (June), Appendix c, Statements of Financial Position, par.156.
（黒川・鷹野・船越・森本共訳『FASB NPO 会計基準』中央経済社，2001 年，199 頁）を基に，筆者が作成している。

(2) 事業活動計算書

　企業会計でいう損益計算書に相当するものが事業活動計算書です。しかし，非営利組織は前述のとおり，利益を追求し，獲得した利益を株主に配当するわけではありません。したがって，獲得した利益の報告が会計の中心ではありません。事業活動計算書は事業活動や事業運営を評価するための情報を提供するために作成されます。SFAS 第117号では「（a）一期間の組織体の業績を評価すること，（b）組織体のサービス提供努力と継続的サービス提供能力を評価すること，（c）組織体の運営責任者の受託責任遂行状況や，他の業績面を評価すること」[10]に有用な情報を提供すると述べられています。

　SFAS 第117号の非営利組織の事業活動計算書の骨子を示すと図表14－4のとおりです。特徴点を見てみます。金額を示す列が3つあります。この列は拘束別に区別されています。これは純資産の3つの区分と密接な関係を持っています。つまり，3つの純資産項目の変動が報告されるようになっているのです。永久拘束の欄は基本的には流入のみです。特別な事情がない限り流出はないと考えられます。もし，流出があれば永久拘束純資産が維持されていないことになります。一時拘束の欄に括弧書きの箇所があります。これは一時拘束が解除されて，非拘束となったことを示しています。これは再分類と言われるもので，時間拘束や目的拘束[注]が解かれた期間に「非拘束純資産」へ振り替えられた分です。つまり，当期に拘束が解かれたことになります。非拘束の欄は，この会計期間に使用可能な資源の流入額とサービス提供に要した額を対応させています。非拘束の欄をみることで，この期間のサービス提供に必要な資源を調達しているか，調達した資源を不当に内部留保していないかなどが，確認できるようになっています。

　FASBが公表している非営利組織の財務諸表（事業活動計算書および貸借対照表）は，前述の4つの業績評価情報を満たすようになっているといえます。

（注）時間拘束とは寄贈者の規定が「寄贈を直ちに消費せずに，後の期間においてまたは特定の期日よりも後に使用する」[11]とされるような拘束です。目的拘束とは寄贈者の規定が「寄贈を特定の計画または用役を支援したり，特定の建物を取得したり，特定の負債を返済するような特定目的に使用する」[12]とされるような拘束です。

図表14－4　非営利組織体の事業活動計算書

事業活動計算書

19×1年会計期間末日　　　　　　　　　（単位：千ドル）

	非拘束	一時拘束	永久拘束	合　計
収益・利得およびその他の支援金				
寄付金収入	8,640	8,110	280	17,030
料金収入	5,400			5,400
長期投資からの収入	5,600	2,580	120	8,300
その他投資利益	850			850
長期投資からの未実現・実現純利得	8,228	2,952	4,620	15,800
その他	150			150
拘束が解除された資産				
プログラムに関する拘束の解除	11,990	(11,990)		
設備取得に関する拘束の解除	1,500	(1,500)		
時間拘束の満了	1,250	(1,250)		
収益・利得およびその他の支援金合計	43,608	(1,098)	5,020	47,530
費用および損失				
プログラムA	13,100			13,100
プログラムB	8,540			8,540
プログラムC	5,760			5,760
経営管理費	2,420			2,420
資金調達費	2,150			2,150
費用の合計	31,970			31,970
火災損失	80			80
年金債務の発生損失		30		30
費用および損失の合計	32,050	30		32,080
純資産の変動	11,558	(1,128)	5,020	15,450
期首純資産額	103,670	25,470	137,000	266,140
期末純資産額	115,228	24,342	142,020	281,590

（出所）SFAS No.117, pars.157-159.（黒川他、前掲訳書、112-113頁）に基づき筆者が作成。

(3) 今後の検討課題

　これまでに述べてきたように，米国においてはFASB主導により，非営利組織の会計概念フレームワークが作成され，それにしたがった非営利組織会計基準が設定されています。そして，企業会計の基準を適用すべき組織体を除くすべての非営利組織がこれにしたがっています。しかし，わが国においては未整備の状態です。組織体によって会計基準が違っています。

　現在わが国において，非営利組織の活動分野が拡大傾向にある現状を踏まえると，非営利組織会計の統一を検討する必要があると思われます。またNGO活動など国際的な広がりもあることを考えると，国際的な統一も必要だと考えられます。その際の拠り所となるものが，ここで紹介した米国における非営利組織会計です。

　検討に際しては，純資産の区分について米国の基準とわが国の各非営利組織会計基準を対比して検討する必要があります。米国基準では純資産を「永久拘束純資産」，「一時拘束純資産」および「非拘束純資産」の3つに区分して，会計処理および財務報告をするようになっています。しかし，わが国の各非営利組織会計の基準は資源提供者が課した提供資源に対する拘束を意識した基準は少ないようです。唯一取り入れているのが公益法人会計基準です。そこでは正味財産の部（純資産の部）が「指定正味財産」と「一般正味財産」に区分されています。この基準が開発される中途の段階で出された中間報告では「永久拘束正味財産」，「一時拘束正味財産」および「非拘束正味財産」でした。つまり，実質的にはFASB区分と同じでした。しかし，拘束という「言葉の持つ堅いイメージから一般の方々にもう少し分かりやすい『指定』および『一般』という表現に変えた」[13]という理由により，現在の区分になったようです。また，「①永久拘束正味財産と②一時拘束正味財産の実務上の境目が明確にできない」[14]という理由から2区分にしたということも指摘されています。

　公益法人会計の他に学校法人，医療法人，宗教法人，および社会福祉法人などの非営利組織の会計がありますが，いずれも純資産の区分は異なっています。当然のごとく，法人の種類により会計処理や報告様式も異なります。非営利組織会計の分野は，今後さらなる研究が必要であると考えられる分野なのです。

演習問題

問1 FASBの非営利組織会計における純資産の区分を3つ述べなさい。

(1)	(2)	(3)

問2 非営利組織にはA・B2つのタイプの組織体があるが、それぞれどのようなタイプの組織体であるか説明しなさい。

タイプA	
タイプB	

問3 わが国の公益法人会計の純資産の区分は2区分である。それぞれの区分の名称を答えなさい。

問4 非営利組織会計において純資産の変動額はゼロか、ゼロを少し上回る程度良いと考えられる理由について述べなさい。

プレ演習問題の解答

問1	②	問2	③	問3	③	問4	②	問5	①

レッスン14　非営利組織会計のしくみ | 157

レッスン15

粉飾決算
～利益操作はどのようになされるか～

プレ演習問題
Pre-Exercise

問1 粉飾決算とは，企業会計上のルールに定められた会計処理の原則や手続を無視して [ ] 利益を計上することである。
　① 架空　　② 当期純　　③ 予想

問2 減価償却の方法を定額法から定率法に変更することにより，利益は [ ] する。
　① 増加　　② 平均　　③ 減少

問3 ライブドア事件では，自己株式売却益を [ ] に計上し，約53億円の [ ] の過大計上をした。
　① 純資産　　② 利益　　③ 負債

問4 旧カネボウは，[ ] への押し付け販売により粉飾を行った。
　① 得意先　　② 仕入先　　③ 子会社

問5 全米7位の大企業だったエンロンは，連結対象外の投資会社を利用して，[ ] を簿外処理し粉飾を行った。
　① 損失　　② 利得　　③ 資本

本レッスンでは，粉飾決算とは何か，およびその手法を明らかにし，三田工業，カネボウ，ライブドアおよびエンロンの事例を取り上げて学習します。

ステップ1

　粉飾（window-dressing）とは，企業会計上のルールに定められた会計処理の原則や手続を無視して利益操作を行い，実態より利益を過大（架空利益）に計上することです。逆に実態より利益を過少に計上することは，逆粉飾です。通常，粉飾として問題になるのは，前者の利益過大計上です。粉飾を米国ではクックする（料理する）とかaggressive（攻撃的）会計といいます。また，英国ではcreative（創造的）会計というようです。

　粉飾の手口としては，損益計算書上，売上の水増し，費用の圧縮，あるいは両者を同時に行う方法，貸借対照表上，資産を水増しするか，負債を圧縮するか，あるいは両者を同時に行う方法があります。仮に会社が粉飾決算により架空利益を計上し，それを配当した場合には，経営者は会社法の特別背任罪に問われます。また，上場会社であれば金商法の不実記載に当たります。

　企業によっては，合法的に積立金を取り崩したり，会計処理方法を変更したり，株や土地の売却益を出して利益操作を行うことがあります。例えば，不景気で利益が少ない場合に，減価償却の方法を定率法から定額法に変更することにより減価償却費を抑え利益を計上し，逆に，好景気で利益が多すぎる場合に，減価償却の方法を定額法から定率法に変更することにより減価償却費を増やし利益を抑えます。なお，株の売却益を出して利益操作を行うことは，時価会計の導入によりできなくなりました。

　わが国では，1965年の山陽特殊鋼，1968年の栗田工業，1974年のサンウェーブ工業，1975年の日本熱学工業，1978年の不二サッシおよび1987年のリッカーにおいて粉飾が発生し，監査を担当した公認会計士が処分をされています。

ステップ2

(1) 三田工業事件

　三田工業は，1997年11月期決算までの5年間，約200億円の架空利益を計上，

計11億3,000万円の違法配当を行いました。大阪地検特捜部は，1998年10月10日に前社長および同社の監査担当村井国浩公認会計士を商法違反（違法配当）の疑いで逮捕しました。村井公認会計士は，大蔵省より登録抹消処分を受け，公認会計士ではじめて刑事罰に処されています。図表15-1は，貸借対照表の公表と実態をあらわしたものです。粉飾は，数年はなんとか繕うことができますが，そのうち矛盾が露呈して資金繰りに窮することになります。

図表15-1 三田工業の貸借対照表（1998年6月）

（単位：百万円）

（資産の部）	公表	実態	差額	（負債の部）	公表	実態	差額
Ⅰ 流動資産	82,390	64,492	17,898	Ⅰ 流動負債	67,980	87,180	△19,200
現金預金	13,209	14,209	△1,000	支払手形・買掛金	28,515	34,715	△6,200
受取手形・売掛金	47,165	36,365	10,800	短期借入金	31,692	37,192	△5,500
有価証券	1,614	1,314	300	未払金・未払費用	1,694	2,894	△1,200
棚卸資産	15,828	9,308	6,520	前受金	86	3,886	△3,800
前渡金・前払費用	1,103	524	579	その他の流動負債	732	3,232	△2,500
Ⅱ 固定資産	55,394	55,394	0	Ⅱ 固定負債	52,706	52,706	0
有形固定資産	33,332	29,332	4,000	（資本の部）			
工具器具・什器備品	10,874	6,874	4,000	Ⅲ 資本	17,098	△20,000	37,098
無形固定資産	1,104	1,104	0	うち未処分利益	1,695	△24,609	26,304
投資等	20,958	24,958	△4,000				
長期貸付金	2,689	7,689	△5,000				
資産合計	137,784	119,886	17,898	負債・資本合計	137,784	119,886	17,898

（出所）竹居照芳「会計士も関与した三田工業の粉飾決算」『企業会計』第51巻第1号，1999年，210-211頁。各項目は粉飾のみを示している。

(2) カネボウ粉飾事件

カネボウの粉飾事件は，旧経営陣が経理担当者らに指示して，会計監査を担当していた中央青山監査法人の公認会計士と，損失を抱えた関連会社を連結対象から外すなどして2002年および2003年3月期の連結決算でそれぞれ800億円を超える粉飾をし，2年分の有価証券報告書に虚偽の記載をして，証券取引法違反（有価証券報告書の虚偽記載）の罪に問われた事件です。これによって，中央青山監

査法人は2006年7月1日から2カ月の業務停止の処分を受けました。2カ月の業務停止処分が8月末で終わった後，中央青山監査法人は「みすず監査法人」（「あらた監査法人」と分裂）と名称を変えましたが，結局解散に追い込まれることになります。監査法人の業務停止および分裂・解散を引き起こしたカネボウの粉飾決算は，(1) 売上の過大計上，(2) 連結はずしによる押し込み販売，(3) 翌期の分を「前倒し」で売上計上，(4) 費用の繰り延べ，(5) 損失隠し，(6) 陳腐化，不良在庫，また劣化した在庫の評価損を計上せず原価で評価する過大評価，(7) 相手に利益を上乗せして買い戻すキャッチボールにより行われました[1]。

(3) ライブドア事件

世に言うライブドア事件とは，前社長・堀江貴文被告ら旧経営陣が証券取引法違反罪に問われた事件です。その違反は，虚偽の説明などをして他人を欺いて有価証券取引や相場を操作する偽計取引，うその情報や根拠のない噂を流して，株価を上げる風説の流布，それに粉飾決算です。2004年9月期の営業利益56億円のうち少なくとも53億円が粉飾によるものと判明します。その「錬金術」の構図は，図表15-2のとおりです。粉飾決算には監査を担当した港陽監査法人の公認会計士が関与し，これにより港陽監査法人は解散の憂き目に遭います。

偽計取引とか風説の流布は，違反に問われた際の証券取引法第158条で禁じられていて，懲役5年以下または罰金500万円以下でしたが，2006年の通常国会

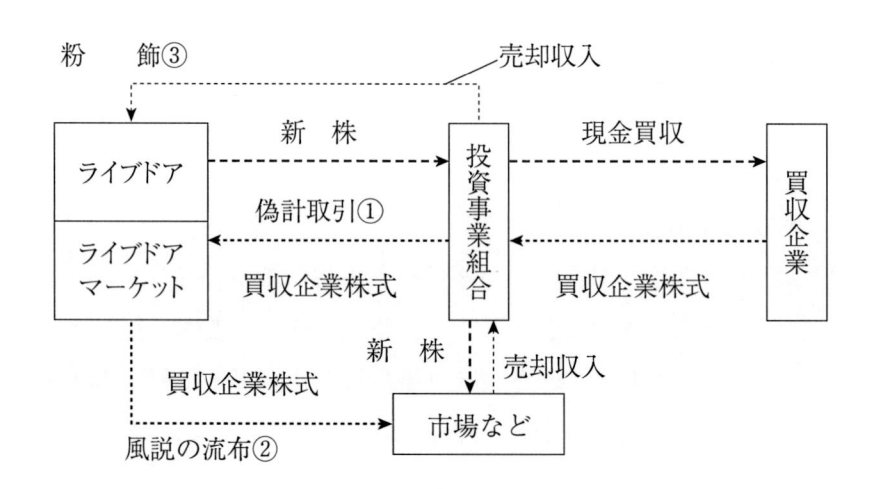

図表15-2 ライブドアグループの「錬金術」の構図

で金融商品取引法が成立して，懲役10年以下または罰金1,000万円以下になりました。

偽計取引①は，投資事業組合をライブドアが出資して設立し，それを隠して株式交換による取引を装ったとされます。

風説の流布②は，ライブドアグループの場合，買収企業をすでにライブドアが支配している投資事業組合が現金で買収しているのに，それを隠して株式交換で買収するうその情報を流して，ライブドアの株価を上昇させたといわれています。

粉飾③は，ライブドアと投資事業組合は連結関係にあるから，投資事業組合のライブドア株の売却益からの配当は，自己株式処分差益として資本になるにもかかわらず，利益として計上し，不当に利益操作をしたというものです。

図表15-3は，カネボウとライブドアの粉飾事件を比較したものです。

図表15-3　カネボウとライブドアの粉飾事件の比較

	カネボウ	ライブドア
動　機	倒産を回避するため（倒産回避型）	時価総額を拡大するため（自己顕示型）
方　法	架空売上の計上，費用の繰り延べ，損失隠し	実態のない売上の計上，資本取引を損益取引に偽装
特　徴	お金が動かない	お金が動く
	帳簿上の数字の辻褄合わせ	現金はどんどん増える
	バランスシート型の粉飾	損益計算書型の粉飾
	問題の先送り（急場しのぎ），そのまま行くと会社は倒産	会社は倒産しない（もっとも，スキーム自体はどこかで破綻）

（出所）田中慎一『ライブドア監査人の告白』ダイヤモンド社，2006年，120頁を一部修正。

（4）オリンパス事件

オリンパス事件とは，財テクの失敗により1990年代に生じた1,000億円を超える含み損を1999年3月期から投資ファンドに移す「飛ばし」で表面化を先送りし，2006年〜2008年の国内企業3社や英国の医療機器メーカーの買収を利用して穴埋めしたものです。検察庁は，金融商品取引法違反（有価証券報告書の虚偽記載）で菊川剛前会長兼社長ら7人を逮捕しました。オリンパス事件は，英国人マイケル・ウッド元社長が不透明な買収を告発し，事件が明るみに出ました[2]。

オリンパスといえばカメラで有名ですが，その技術を利用した医療機器の分野で収益をあげている優良企業でした。事件後，買収されるという噂が流れましたが，業務提携などをしてなんとか持ちこたえているようです。

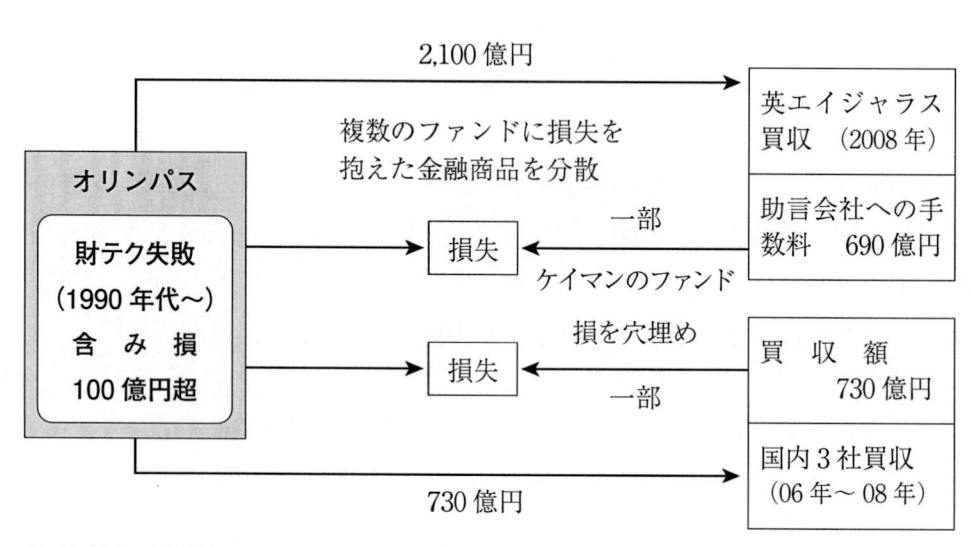

図表15－4　オリンパス損失隠しの構図

```
                    2,100億円
  ┌─────────┐ ──────────────────→ ┌──────────┐
  │ オリンパス │                          │ 英エイジャラス│
  │          │   複数のファンドに損失を  │ 買収（2008年）│
  │ 財テク失敗 │   抱えた金融商品を分散    ├──────────┤
  │(1990年代～)│ ────→ [損失] ←─一部─  │ 助言会社への手│
  │ 含み損    │       ケイマンのファンド  │ 数料　690億円│
  │ 100億円超 │                          ├──────────┤
  │          │       損を穴埋め          │ 買収額      │
  │          │ ────→ [損失] ←─一部─  │    730億円  │
  │          │                          ├──────────┤
  └─────────┘ ──────────────────→ │ 国内3社買収  │
                    730億円              │ (06年～08年)│
                                         └──────────┘
```

（出所）『西日本新聞』2011年11月9日朝刊。

(5) エンロン（Enron）事件

　米国第7位の大企業エネルギー開発会社エンロンは，2001年12月2日，米国連邦破産法第11条の適用を申請し，破産しました。破産の契機となったのは，同年10月16日に，第3四半期の損失が6億3,800万ドルにのぼり，後に会計処理の不手際が指摘される連結対象外の特別目的会社との簿外取引などにともない約10億ドルの特別損失の計上です。同年10月31日，証券取引委員会（SEC）が関連会社との不正取引に関する調査を開始したことを認めると同時に，特別委員会を社内に設置し社内調査を開始したことを発表すると，11月6日に株価が10ドルを割ります（約1年前には株価は過去52週最高値の84.87ドルをつけていました）。11月8日には，過去5年の財務報告書を修正してSECに再提出しました。その後，株価は下がりつづけ，1ドルを割るに至り，破産法第11条の適用を申請せざるを得なくなったのです。

　エンロンの粉飾方法は，Chewco（チューコ）とJEDI（ジェダイ）などの特別目的

会社を連結対象から外し，その損失および負債を隠し，利益の過大計上および負債の過少計上を行うことでした。この他，エンロンはこの種の特別目的会社を数百社規模で設立し，資産や負債を簿外に飛ばしていたとされています[3]。エンロン事件では，監査法人と企業の癒着が取り沙汰されました。エンロンの監査を担当した名門アーサー・アンダーセン監査法人の会計士が証拠書類をシュレッダーで隠滅した疑いで司法当局に告発され，歴史ある名門監査法人は解散に追い込まれました。

　特別目的会社（Special Purpose Company：SPC）とは，貸出債権の証券化やリース取引など特別の目的のために設立する会社のことです。日本では保有資産をSPCに売却し，それを担保にSPCが有価証券を発行して資金調達する利用例が目立っています。その際，設立本体の連結対象から切り離すことが多いといわれています。

米国における会計不正事件を一覧すると図表15-5のとおりです。これにより

図表15-5　米企業の会計に対する不信を拡大した主な出来事

企業名	不正内容	経営幹部（肩書きは前職）
エンロン（エネルギー）	100億ドルの利益水増しなど簿外取引で会計操作。2001年12月破たん	ケネス・レイ会長兼CEO
		ジェフリー・スキリングCEO
		アンドリュー・ファストウCFO*
ワールドコム（通信）	110億ドルの利益水増し。米最大の負債総額410億ドルで2002年7月破たん	バーナード・エバースCEO
		スコット・サリバンCFO
		デビット・マイヤーズ経理部長*
アデルフィア・コミュニケーションズ（通信）	利益水増しと会社資金の不正流用。2002年6月破たん	ジョン・リガス会長兼CEO
		ティモシー・リガスCFO
		マイケル・リガス副社長
		ジェームズ・ブラウン副社長*
ライト・エイド（流通）	16億ドルの利益水増し	マーチン・グラス会長兼CEO*
		フランクリン・ブラウン副社長
		フランクリン・バーガンジンCFO*

(注) CEO＝最高経営責任者，CFO＝最高財務責任者，＊は罪を認める。
(出所)『日本経済新聞』2004年8月2日（朝刊）。

米国の会計基準は失墜し，サーベインス・オクスレー法の制定により米国上場企業は厳しい規制を受けることになります。

演習問題

問1 次の□に適当な用語を語群より選び，記号を記入しなさい。

粉飾決算の手口としては，損益計算書上，①の水増し，②の圧縮，あるいは両者を同時に行う方法，貸借対照表上，③を水増しするか，④を圧縮するか，あるいは両者を同時に行う方法が採られます。

【語群】
 a. 負債　b. 売上　c. 資産　d. 費用

①	②	③	④

問2 次の□に適当な用語を記入しなさい。

不景気で利益が少ない場合に，減価償却の方法を①法から②法に変更することにより減価償却費を抑え利益を計上し，逆に，好不景気で利益が多すぎる場合に，減価償却の方法を②法から①法に変更することにより減価償却費を増やし利益を抑えます。

①	②

問3 次の(1)～(5)のうち正しいものには○，誤っているものには×をつけなさい。

(1) ワールドコムの監査を担当した名門アーサー・アンダーセン監査法人の会計士が証拠書類をシュレッダーで隠滅した疑いで司法当局に告発され，歴史ある名門監査法人は解散に追い込まれた。

(2) オリンパス事件とは，財テクの失敗により1990年代に生じた1,000億円を超える含み損を1999年3月期から投資ファンドに移す「飛ばし」で表面化を先送りし，2006年～2008年の国内企業3社や英国の医療機器メーカーの買収を利用して穴埋めしたものです。

(3) 偽計取引や風説の流布を行うと，金融商品取引法により懲役5年以下または罰金1,000万円以下を科せられる。

(4) ライブドア事件は，旧経営陣が経理担当者らに指示して，会計監査を担当していた中央青山監査法人の公認会計士と，損失を抱えた関連会社を連結対象から外すなどして2002年および2003年3月期の連結決算でそれぞれ800億円を超える粉飾をした事件です。

(5) エンロンは，Chewco（チューコ）とJEDI（ジェダイ）などの特別目的会社を連結対象から外し，その損失および負債を隠し，利益の過大計上および負債の過小計上を行い粉飾を行った。

| (1) | | (2) | | (3) | | (4) | | (5) | |

プレ演習問題の解答

| 問1 | ① | 問2 | ③ | 問3 | ② | 問4 | ③ | 問5 | ① |

【注】

プレレッスン　会計の学び方・考え方

1) 金融庁ウェブ・サイト，「金融商品取引法に基づく有価証券報告書等の開示書類に関する電子開示システム，EDINET」(http://disclosure.edinet-fsa.go.jp/) を参照。
2) 公認会計士・監査審査会ウェブ・サイト，「公認会計士試験」(http://www.fsa.go.jp/cpaaob/kouninkaikeishi-shiken/index.html) を参照。
3) 国税庁ウェブ・サイト，「税理士試験情報」(http://www.nta.go.jp/sonota/zeirishi/zeirishishiken/zeirishi.htm) を参照。
4) 日本商工会議所ウェブ・サイト，「商工会議所の検定試験，簿記」(http://www.kentei.ne.jp/bookkeeping/) を参照。
5) 東京商工会議所ウェブ・サイト，「東京商工会議所・検定試験情報，BATIC®」(http://www.kentei.org/batic/) を参照。

レッスン1

1) Henry Rand Hatfield, *Modern Accounting: Its principles and some of its problems*, Meredith Publishing Company, 1909.（松尾憲橘訳『近代会計学』雄松堂書店，1971年。）
2) A. C. Littleton, *Accounting Evolution to 1900*, American Institute Publishing Co., 1933.（片野一郎訳『リトルトン会計発達史増補版』同文館，1978年。）
3) 片岡義雄『パチョーリ「簿記論」の研究』森山書店，1956年。本田耕一訳『パチョーリ簿記書』現代書館，1975年。
4) 南海会社泡沫事件とは，スペイン領諸地域との貿易独占権を得て設立(1711年)された英国の南海会社が，投機熱を利用して株価を不当に吊上げ，挙げ句の果てに破産(1720年)した事件です。
5) 概念フレームワークや国際財務報告基準(IFRS)については，公益財団法人財務会計基準機構監訳『IFRS国際財務報告基準』(中央経済社)があり，毎年改訂版が刊行されています。

レッスン3

1) 土岐政蔵訳『動的貸借対照表論』森山書店，1959年。
2) W. A. Paton and A. C. Littleton, *An Introduction to Corporate Accounting Standards*, American Accounting Association, 1938.（中島省吾訳『会社会計基準序説〔改訳〕』森山書店，1958年改訳版刊行。）
3) FASB, FASB Discussion Memorandum, *An Analysis of Issues Related to Conceptual Framework for Financial Accounting and Reporting: Elements of Financial Statements and Their Measurement*, 1976.（津守常弘監訳『FASB財務会計の概念フレームワーク』中央経済社，1997年。）

レッスン4

1）「SHM会計原則」はT. H. Sanders, H. R. Hatfield, and U. Moor, *A Statement of Accounting Principles,* American Accounting Association, 1938. を略したものです。訳書に山本繁・勝山進・小関勇共訳『SHM会計原則』同文舘，1979年と阪本安一編著『SHM会計原則解説』税務経理協会，1987年があります。

レッスン14

1）Robert N. Anthony, FASB Research Report, *Financial Accounting in Nonbusiness Organizations : An Exploratory Study of Conceptual Issues.* Anthony, 1978, p. 11.
2）*ibid,* pp. 48-52.
3）*ibid,* p. 162.
4）FASB, *Statement of Financial Accounting Concepts No. 4, Objectives of Financial Reporting by Nonbusiness Organizations,* 1980, par. 8.（平松一夫・広瀬義州訳『FASB財務会計の諸概念（増補版）』中央経済社，2002年，162頁。）
5）Richard F. Larkin, Marie DiTommaso, *Interpretation and Application of GENERALLY ACCEPTED ACCOUNTING PRINCIPLES for Not-for-Profit Organizations,* John Wiley & Sons, INC., 2004, p. 79.
6）*ibid,* p. 79.
7）*ibid,* p. 79.
8）FASB, *Statement of Financial Accounting Concepts No. 6, Elements of Financial Statements.,* 1985, par. 106.（平松・広瀬，前掲訳書，336頁。）
9）FASB, *Statement of Financial Accounting Standard No. 117, Financial Statement of Not-for-Profit Organizations,* 1993, par. 9.
10）*ibid,* par. 17.
11）*op, cit.,* par. 99.（平松・広瀬，前掲訳書，333頁。）
12）*op, cit.,* par. 99.（平松・広瀬，前掲訳書，333頁。）
13）松葉邦敏編『新公益法人会計基準』税務経理協会，2004年，28頁。
14）同上書，28頁。

レッスン15

1）カネボウ元取締役の嶋田賢三郎『巨額粉飾』講談社文庫，2011年に粉飾の手法が詳細に述べられています。
2）マイケル・ウッド『解任』早川書房，2012年および山口義正『サムライと愚か者　暗闘オリンパス事件』講談社，2012年に，事件の内容が詳細に述べられています。
3）エンロン事件については数多くの本が出版され，映画やドキュメンタリーが作られています。ここでは，粉飾の構図を描いた黒木亮『青い蜃気楼　小説エンロン』角川文庫，2006年をあげておきます。巻末に用語の解説もあり，理解の手助けになるでしょう。

演習問題解答

レッスン1

問1

企業形態	関連する項目
当座企業	① ⑨ ⑮
定着企業	② ④ ⑤ ⑥ ⑦ ⑩ ⑫
継続企業	③ ⑧ ⑪ ⑬ ⑭

問2

| ① | d | ② | a | ③ | e | ④ | c | ⑤ | b |

問3

| ① | a | ② | d | ③ | e |

問4

①−c　②−a　③−b　④−d

問5

　今日の企業の財務諸表は，単に取引の帳簿記録を基礎とするばかりでなく，実務上慣習として発達した会計手続を選択適用し，経営者の個人的判断に基づいてこれを作成するものであって，いわば記録と慣習と判断の総合的表現にほかならない。例えば，減価償却費は，取得原価を見積耐用年数にわたり定額法や定率法などの償却方法を選択し計算する。

レッスン2

問1

国際会計基準審議会（e）　　米国財務会計基準審議会（c）　　国際財務報告基準（g）
証券監督者国際機構（a）　　米国証券取引委員会（b）　　　　国際会計基準委員会（d）

問2

| (1) | × | (2) | × | (3) | ○ | (4) | ○ | (5) | × |

問3 （順不同）

| ① | a | ② | c | ③ | d |

問4
(1) 2012年に米国が米国企業へのIFRSの強制適用を見送ったこと
(2) システムや会計処理の大幅な変更を迫られる企業の負担を配慮したこと

レッスン3

問1

| ① | d | ② | b | ③ | c | ④ | a | ⑤ | e |

問2

| ① | 無限 | ② | 有限 | ③ | 1 | ④ | 労働 | ⑤ | 現物 |

問3

| 当期純利益 | − | 益金不算入 | + | 益金算入 | + | 損金不算入 | − | 損金算入 |

レッスン4

問1

| ① | a | ② | b | ③ | c | ④ | d | ⑤ | e |
| ⑥ | f | ⑦ | g | ⑧ | h | ⑨ | i | ⑩ | j |

問2

| (1) | ○ | (2) | ○ | (3) | ○ | (4) | ○ | (5) | × |
| (6) | ○ | (7) | × | (8) | ○ | (9) | × | (10) | × |

レッスン5

問1 (⑨と⑩，⑪と⑫は順不同)

①	資産	②	負債	③	純資産
④	流動資産	⑤	固定資産	⑥	繰延資産
⑦	流動負債	⑧	固定負債	⑨	1年基準
⑩	正常営業循環基準	⑪	流動性配列法	⑫	固定性配列法

問2

①	a	②	e	③	f	④	c	⑤	g	⑥	b	⑦	d	⑧	h

問3

財務比率	解 答 欄
流 動 比 率	(30,000万円÷20,000万円)×100＝150%
当 座 比 率	(29,500万円÷20,000万円)×100＝147.5%
固 定 比 率	(64,000万円÷50,000万円)×100＝128%
固定長期適合率	(64,000万円÷(50,000万円＋30,000万円))×100＝80%
自己資本比率	(50,000万円÷100,000万円)×100＝50%

問4

(1)	流動比率	150%	(2)	当座比率	115%
(3)	固定比率	100%	(4)	自己資本比率	50%

レッスン6

問1

(1)	○	(2)	×	(3)	○	(4)	×	(5)	○

問2

先入先出法	30,000円	移動平均法	31,500円

問 3

| ① | a | ② | b | ③ | c | ④ | d | ⑤ | f |

問 4

| 貸倒見積額 | 1,036,800 円 | 破産債権 | 162,000 円 | 更生債権 | 240,000 円 |

　貸倒見積額は，846,000 円（売掛金）× 80% = 676,800 円と 600,000 円（受取手形）× 60% = 360,000 円の合計額である。846,000 円（売掛金）× 20% = 169,200 円は破産債権，600,000 円（受取手形）× 40% = 240,000 円は更生債権になる。

レッスン 7
問 1

| (1) | × | (2) | ○ | (3) | × | (4) | ○ | (5) | × |

問 2

（負）ののれん	500 万円
会 計 処 理	特別利益として損益計算書に計上する。

問 3

| 定額法 | 200,000 円 | 定率法 | 500,000 円 |

問 4

	建　物	土　地
減損損失	1,500 千円	1,800 千円

レッスン 8
問 1

| (1) | ○ | (2) | ○ | (3) | ○ | (4) | × | (5) | ○ |

問2

　自己株式処分差損が生じた場合は，その他資本剰余金で補てんし，補てんしきれない場合はその他利益剰余金で補てんする。

問3

| ① | c | ② | a | ③ | e | ④ | h | ⑤ | i |

問4

| 準備金繰入額 | 40,000 円 |

問5

| 退職給付引当金繰入額 | 120 万円 |

レッスン9

問1

| ① | 売上総利益 | ② | 営業利益 | ③ | 経常利益 |
| ④ | 税引前当期純利益 | ⑤ | 当期純利益 | | |

問2

指標名	計算式	指標数値
売上高総利益率	(260 百万円 ÷ 800 百万円) × 100	32.5%
総資本回転率	(800 百万円 ÷ 640 百万円) × 100	1.25 回
総資本当期純利益率	(50 百万円 ÷ 640 百万円) × 100	7.8%
自己資本利益率	(50 百万円 ÷ 280 百万円) × 100	17.9%

問3

(1) 総資本利益率は低迷，その原因は売上高営業利益率の悪化にある。

(2) 売上高総利益率は上昇，人件費低下。人件費以外の販売管理費の増加が売上高営業利益率を圧迫している。

(3) 総資本回転率は好転，これに棚卸資産回転率の改善が寄与している。

(4) 固定資産回転率は積極的な設備投資でマイナス，それが人件費の低下した要因，販売

管理費のマイナスに作用したと推測される。

【解答のヒント】

$$
\text{総資本利益率}(-)\begin{cases}\text{売上高営業利益率}(-)\begin{cases}\text{売上高総利益率}&(+)\\ \text{販売管理費比率}&(+)\\ \text{人件費比率}&(-)\end{cases}\\ \text{総資本回転率}(+)\begin{cases}\text{棚卸資産回転率}&(-)\\ \text{固定資産回転率}&(-)\end{cases}\end{cases}
$$

レッスン10

問1 ⑦と⑧は順不同

①	b	②	d	③	c	④	e	⑤	h
⑥	j	⑦	k	⑧	a				

問2

①	＋	②	＋	③	＋	④	－	⑤	＋

問3

①	＋	②	＋	③	－	④	－	⑤	＋

問4

ア

レッスン11

貸借対照表

×1年3月31日現在　　（単位：万円）

資　産	金　額	負債・純資産	金　額
諸　資　産	500	諸　負　債	275
の れ ん	20	資　本　金	100
		資 本 剰 余 金	50
		利 益 剰 余 金	50
		少数株主持分	45
	520		520

レッスン12

問1

(1) 100,000円 × 1.217 = 121,700円

(2) 50,000円 × 0.784 = 39,200円

問2

(1) 10,000円 × 4.630（期首年金の現在価値 → 4％と4年の交点 3.630 + 1）= 46,300円

(2) 20,000円 = 3.465x　∴ 5,772円

(3) 5.309x = 10,000円　∴ 1,855円

問3

（単位：千円）

	1年	2年	3年	4年	5年	残存価値	累積値
CF	10,000	15,000	18,000	22,000	25,000	90,000	
現在価値率（6％）	0.9434	0.8900	0.8396	0.7921	0.7473	0.7473	
DCF	9,434	13,350	15,113	17,426	18,683	67,257	141,263

企業評価額 141,263千円

問4

期間	債務額	返済額	支払利息額
	710,598		
1	606,130	104,468	35,532
2	496,440	109,690	30,310
3	381,248	115,192	24,808
4	260,316	120,932	19,068
5	133,336	126,980	13,020
6	0	133,336	6,664
小計		710,598	129,402
合計		840,000	

レッスン13

問1

設問1

(1) $\dfrac{1,200\,万円}{(1-0.6)} = 3,000\,万円$　　　変動費率 $\dfrac{4,200\,万円}{7,000\,万円} = 0.6$

(2) $\dfrac{7,000\,万円 - 3,000\,万円}{7,000\,万円} \times 100 = 57\%$

(3) $\dfrac{1,200\,万円 + 2,000\,万円}{(1-0.6)} = 8,000\,万円$

設問2

(1) 変動費率 $\dfrac{2,000\,万円 + 400\,万円}{4,000\,万円} = 0.6$　　損益分岐点売上高 $\dfrac{800\,万円}{(1-0.6)} = 2,000\,万円$

(2) $\dfrac{800\,万円 + 営業利益}{(1-0.6)} = 4,500\,万円$　　営業利益 = 1,000 万円

(3) 変動費率 $\dfrac{2,000\,万円 + 400\,万円 + 600\,万円}{4,000\,万円} = 0.75$

損益分岐点売上高 $\dfrac{800\,万円}{(1-0.75)} = 3,200\,万円$

(4) 変動費率 $\dfrac{2,000\,万円 + 400\,万円 - 400\,万円}{4,000\,万円} = 0.5$

売上高 $\dfrac{800\,万円 + 600\,万円 + 100\,万円}{(1-0.5)} = 3,000\,万円$

問2

	限界利益	貢献利益
A事業部	220百万円	120百万円
B事業部	160百万円	100百万円

レッスン14
問1

| (1) | 永久拘束純資産 | (2) | 一時拘束純資産 | (3) | 非拘束純資産 |

問2

タイプA	財源の大部分を物品の販売やサービスの提供により獲得している組織体
タイプB	財源の主要な部分を物品の販売やサービスの提供以外の源泉から獲得している組織体

問3

| 指定正味財産 | 一般正味財産 |

問4

> 非営利組織はその使命に応じたサービスの提供を行う組織である。そしてその主たる財源は寄付である。したがって，必要以上の余剰を生み出すと，それだけサービスの提供を怠ったと解釈されてしまうなどの問題点が指摘されている。

レッスン15
問1

| ① | b | ② | d | ③ | c | ④ | a |

問2

| ① | 定率 | ② | 定額 |

問3

| (1) | × | (2) | ○ | (3) | × | (4) | × | (5) | ○ |

巻末資料

次の資料は、『日本経済新聞』に掲載された「国際会計基準に関心があるか？」のクイックサーベイの結果である。

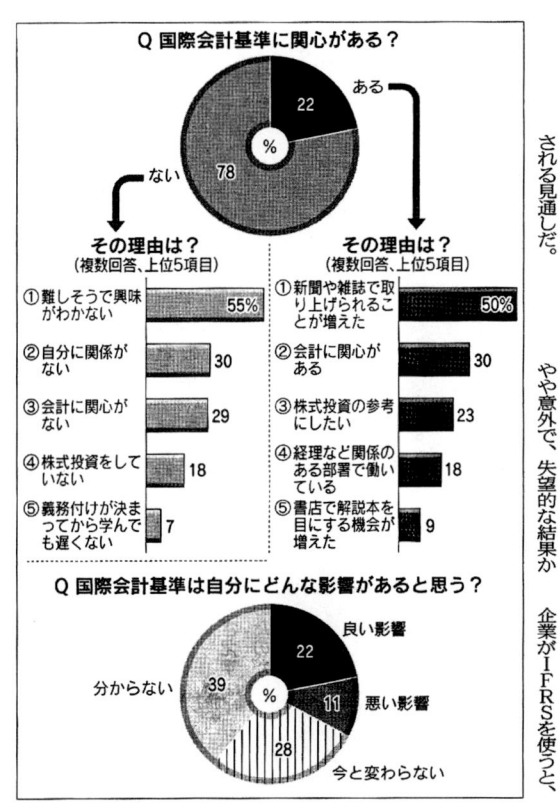

クイックサーベイ

▼国際会計基準に「関心がある」22％

企業の業績や財務を正確に示すための約束事を、会計基準という。世界的に欧州発の国際会計基準（IFRS）が広がり、日本でも2010年3月期から上場企業が自主的に使い始めた。

金融庁は企業にIFRSを義務づけるかどうかを、12年をメドに決める。義務づけが決まれば、15年ごろから実施される見通しだ。

売上高や利益の見え方が異なってくる。費用の計上の仕方なども変わる。会計の実務者や投資家にとって、IFRSの義務づけに備え予習をしておきたい、という動機は強いようだ。

まだ先の話のようだに、書店の一角はIFRSの解説書でいっぱいだ。セミナーも頻繁に開かれているなかで、個人は本当にどの程度の関心を持っているのか。それを知りたくて調査を実施した。

「IFRSに関心がある」との回答は、全体の22％止まりだった。会計の専門家にはやや意外で、失望的な結果か もしれない。

関心を持つ理由では「新聞や雑誌で取りあげられることが増えた」が50％と最も多かった。過熱気味のブームのなかで、知っておくべき社会現象の一つとして、IFRSをとらえているようだ。

「IFRSに関心がある」（30％）や「株式投資の参考にしたい」（23％）といった回答も比較的多かった。企業がIFRSを使うと、

とはいえ、関心があると答えた人の約4割は、会社や生活に与える影響は「分からない」という。「IFRSに関心がない」とする人の55％は「難しそうで興味がわからない」と答えた。

IFRSと個人の距離は、まだまだ遠い。「包括利益」や「公正価値」など、会計全般に難解な用語や概念は多い。IFRSの原点にある、そうした考え方に触れることは個人にとっても有益だ。

（編集委員　小平龍四郎）

調査方法　調査会社マイボイスコムを通じ、18～21日に20～60歳代の男女1000人にインターネットで聞いた。

企業を正しく見比べるには、業績などを示すための約束事も世界で1つのほうがいい。景気や暮らしに与える影響の解き明かしも、十分とはいえない。

Q 国際会計基準に関心がある？

- ある 22%
- ない 78%

ない その理由は？（複数回答、上位5項目）
① 難しそうで興味がわからない　55%
② 自分に関係がない　30%
③ 会計に関心がない　29%
④ 株式投資をしていない　18%
⑤ 義務付けが決まってから学んでも遅くない　7%

ある その理由は？（複数回答、上位5項目）
① 新聞や雑誌で取り上げられることが増えた　50%
② 会計に関心がある　30%
③ 株式投資の参考にしたい　23%
④ 経理など関係のある部署で働いている　18%
⑤ 書店で解説本を目にする機会が増えた　9%

Q 国際会計基準は自分にどんな影響があると思う？

- 良い影響 22
- 悪い影響 11
- 今と変わらない 28
- 分からない 39

「難しそう」で敬遠

（出所）『日本経済新聞』2010年3月28日朝刊。

会社計算規則に基づく個別の貸借対照表（勘定式）および損益計算書（報告式）の作成事例は，次のとおりである。

貸 借 対 照 表

平成〇年×月×日

資 産 の 部			負 債 の 部		
Ⅰ．流動資産		××	Ⅰ．流動負債		××
現　金　預　金		××	支　払　手　形		××
受　取　手　形		××	買　　掛　　金		××
売　　掛　　金		××	１年内返済長期借入金		××
有　価　証　券		××	未　　払　　金		××
商　　　　　品		××	未　払　費　用		××
前　　払　　金		××	未　払　法　人　税　等		××
前　払　費　用		××	未　払　消　費　税　等		××
未　収　収　益		××	賞　与　引　当　金		××
繰　延　税　金　資　産		××	Ⅱ．固定負債		××
そ　の　他		××	社　　　　　債		××
貸　倒　引　当　金		△××	長　期　借　入　金		××
Ⅱ．固定資産		××	退　職　給　付　引　当　金		××
１．有形固定資産		××	負債の部合計		××
建　　　　　物	××		純資産の部		
減　価　償　却　累　計　額	△××	××	Ⅰ．株主資本		
工　具　器　具　備　品	××		資本金		××
減　価　償　却　累　計　額	△××	××	新株式申込証拠金		××
土　　　　　地	××		資本剰余金		
減　損　損　失　累　計　額	△××	××	資本準備金	××	
２．無形固定資産		××	その他資本剰余金	××	××
特許権		××	利益剰余金		
のれん		××	利益準備金	××	
その他		××	その他利益剰余金	××	××
３．投資その他の資産		××	自己株式		××
関係会社株式		××	自己株式申込証拠金		××
出資金		××	Ⅱ．評価・換算差額等		
長期貸付金		××	その他有価証券評価差額金		××
繰延税金資産		××	繰延ヘッジ損益		××
その他		××	土地再評価差額金		××
貸倒引当金		△××	Ⅲ．新株予約権		
Ⅲ．繰延資産		××	純資産の部合計		××
資産の部合計		××	負債・純資産の部合計		××

損 益 計 算 書

平成〇年×月×日～平成〇年×月×日

Ⅰ．売　上　高		×××
Ⅱ．売　上　原　価		×××
売上総利益（または売上総損失）		×××
Ⅲ．販売費及び一般管理費		×××
営業利益（または営業損失）		×××
Ⅳ．営業外収益		×××
受取利息	×××	
その他	×××	
Ⅴ．営業外費用		×××
支払利息	×××	
その他	×××	
経常利益（または経常損失）		×××
Ⅵ．特別利益		×××
固定資産売却益	×××	
その他	×××	
Ⅶ．特別損失		×××
固定資産売却損	×××	
その他	×××	
税引前当期純利益（または税引前当期純損失）		×××
法人税等	×××	
（法人税等追徴額）	×××	
（法人税等還付額）	△×××	
法人税等調整額	×××	×××
当期純利益（または当期純損失）		×××

　株式会社は，貸借対照表の要旨（大会社にあっては，貸借対照表および損益計算書の要旨）を公告しなければならない（会社法第440条第1項）。公告の方法には，官報に掲載する方法，時事に関する事項を掲載する日刊新聞紙に掲載する方法および電子公告がある（会社法第939条第1項）。ただし，中小会社についてはほとんど決算公告を行っていない状況がある。大会社の貸借対照表および損益計算書の要旨，中小会社の貸借対照表の要旨の一例をあげると次のとおりである。

第○期決算公告

平成　年　月　日

東京都港区虎ノ門2丁目2番4号
株式会社日本官報販売所
代表取締役　日本　太郎

貸借対照表の要旨

（平成　年　月　日現在）

（単位：百万円）

資産の部		負債及び純資産の部	
科　目	金　額	科　目	金　額
流動資産	3,000	流動負債	3,400
固定資産	4,000	賞与引当金	200
有形固定資産	2,500	その他	3,200
無形固定資産	1,300	固定負債	1,600
投資その他の資産	200	退職給付引当金	200
繰延資産	100	役員退職慰労引当金	100
		その他	1,300
		負債合計	5,000
		株主資本	2,090
		資本金	1,000
		資本剰余金	300
		資本準備金	300
		その他資本剰余金	－
		利益剰余金	800
		利益準備金	200
		その他利益剰余金	600
		任意積立金	400
		繰越利益剰余金	200
		自己株式	△10
		評価・換算差額等	10
		その他有価証券評価差額金	10
		繰延ヘッジ損益	△10
		土地再評価差額金	10
		新株予約権	－
		純資産合計	2,100
資産合計	7,100	負債・純資産合計	7,100

損益計算書の要旨

自　平成　年　月　日
至　平成　年　月　日

（単位：百万円）

科　目	金　額
売上高	40,000
売上原価	36,000
売上総利益	4,000
販売費及び一般管理費	3,000
営業利益	1,000
営業外収益	200
営業外費用	100
経常利益	1,100
特別利益	100
特別損失	200
税引前当期純利益	1,000
法人税，住民税及び事業税	400
法人税等調整額	10
当期純利益	610

第〇期決算公告

平成　年　月　日

東京都港区虎ノ門2丁目2番4号
株式会社日本官報販売所
代表取締役　日本　太郎

貸借対照表の要旨

（平成　年　月　日現在）　　　　　（単位：百万円）

資産の部		負債及び純資産の部	
流動資産	5,120	流動負債	4,000
固定資産	5,000	固定負債	3,710
有形固定資産	1,000	負債合計	7,710
無形固定資産	1,000	株主資本	2,490
投資その他の資産	3,000	資本金	390
繰延資産	80	資本剰余金	100
		資本準備金	100
		利益剰余金	2,000
		利益準備金	1,000
		その他利益剰余金	1,000
		（うち当期純利益）	(80)
		純資産合計	2,490
資産合計	10,200	負債・純資産合計	10,200

参考文献

片岡義雄『パチョーリ「簿記論」の研究』森山書店, 1956 年。
金子哲雄『「激安」のからくり』中公新書, 2010 年。
川北　博・橋本　尚『ゼロからわかる国際財務報告基準』税務経理協会, 2010 年。
黒川保美・鷹野宏行・船越洋之・森本晴生訳『FASB NPO 会計基準』中央経済社, 2001 年。
黒木　亮『青い蜃気楼　小説エンロン』角川文庫, 2006 年。
桜井久勝・須田一幸『財務・会計入門［第 8 版］』有斐閣, 2011 年。
嶋田賢三郎『巨額粉飾』講談社文庫, 2011 年。
末政芳信編著『現代財務会計の視点―現状と課題―』同文館, 1977 年。
杉山　学・鈴木　豊編『非営利組織体の会計』中央経済社, 2002 年。
TAC 株式会社『合格テキスト日商簿記 1 級　商業簿記　会計学Ⅲ』TAC 出版, 2011 年。
田中慎一『ライブドア監査人の告白』ダイヤモンド社, 2006 年。
土岐政藏訳『動的貸借対照表論』森山書店, 1959 年。
日野修造「非営利組織体会計の基礎」『ガイダンス企業会計』五絃舎, 2005 年。
平野　健『危ない会社を見分ける！　決算書の読み方』詳伝社, 2005 年。
平松一夫・広瀬義州共訳『FASB 財務会計の諸概念（増補版）』中央経済社, 2002 年。
広瀬義州『会計学スタンダード』中央経済社, 2012 年。
本田耕一訳『パチョーリ簿記書』現代書館, 1975 年。
マイケル・ウッド『解任』早川書房, 2012 年。
増田茂行『100 円ショップの会計学』祥伝社新書, 2008 年。
松葉邦敏編『新公益法人会計基準』税務経理協会, 2004 年。
山口義正『サムライと愚か者　暗闘オリンパス事件』講談社, 2012 年。
山下壽文編著『会計入門ゼミナール〔第 2 版〕』創成社, 2007 年。
山下壽文『ビジネス会計検定試験合格テキスト 3 級』同友館, 2009 年。
山下壽文他『企業会計の基礎』中央経済社, 2009 年。
山下壽文他『経営分析を学ぶ』税務経理協会, 2010 年。
山下壽文『要説新中小企業会計基本要領』同友館, 2012 年。
山下壽文『会計学のススメ』創成社, 2013 年。
A. C. Littleton, *Accounting Evolution to 1900*, American Institute Publishing Co., 1933.（片野一郎訳『リトルトン会計発達史増補版』同文館, 1978 年。）
David Alexander and Christopher Nobes, *A European Introduction to Financial*

Accounting, Prentice Hall., 1994.（小津稚加子・山口圭子共訳『欧州会計』白桃書房，1998年。）

FASB, FASB Discussion Memorandum, *An Analysis of Issues Related to Conceptual Framework for Financial Accounting and Reporting: Elements of Financial Statements and Their Measurement,* 1976.（津守常弘監訳『FASB財務会計の概念フレームワーク』中央経済社，1997年。）

FASB, *Statement of Financial Accounting Concepts No.4, Objectives of Financial Reporting by Nonbusiness Organizations,* FASB, 1980.

FASB, *Statement of Financial Accounting Concepts No.6, Elements of Financial Statements.,* 1985.

FASB, *Statement of Financial Accounting Standards No.116, Accounting for Contributions Received and Contributions* Made, 1993.

FASB, *Statement of Financial Accounting Standards No.117, Financial Statement of Not-for-Profit Organizations,* 1993.

Henry Rand Hatfield, *Modern Accounting: Its principles and some of its problems,* Meredith Publishing Company, 1909.（松尾憲橘訳『近代会計学』雄松堂書店，1971年。）

Irens M. Wiecek and Nicola M. Young, *IFRS PRIMER,* John Wiley & Sons, 2010.

Richard F. Larkin, Marie DiTommaso, *Interpretation and Application of GENERALLY ACCEPTED ACCOUNTING PRINCIPLES for Not-for-Profit Organizations,* John Wiley & Sons, INC., 2004.

Robert N. Anthony, FASB Research Report, *Financial Accounting in Nonbusiness Organizations : An Exploratory Study of Conceptual Issues.,* 1978.

T. H. Sanders, H. R. Hatfield, and U. Moor, *A Statement of Accounting Principles,* American Accounting Association, 1938.（山本　繁・勝山　進・小関　勇共訳『SHM会計原則』同文館，1979年，阪本安一編著『SHM会計原則解説』税務経理協会，1987年。）

W. A. Paton and A. C. Littleton, *An Introduction to Corporate Accounting Standards,* American Accounting Association, 1938.（中島省吾訳『会社会計基準序説〔改訳〕』森山書店，1958年改訳版刊行。）

レッスン6～8，14については，次の文献より本文および設例を引用している。
山下壽文編著『会計入門ゼミナール〔第2版〕』創成社，2007年。
山下壽文『ビジネス会計検定試験合格テキスト3級』同友館，2009年。
山下壽文『要説新中小企業会計基本要領』同友館，2012年。
日野修造「非営利組織体会計の基礎」『ガイダンス企業会計』五絃舎，2005年。

提出課題（1） レッスン1～レッスン8

　　　学籍番号 _____　氏　名 _____　評点 _____

問1　次の（1）～（5）のうち正しいものに〇，誤っているものに×をつけなさい。
　（1）IASBの本拠は，ロンドンにある。
　（2）現在日本で企業会計基準を制定しているのは，企業会計審議会である。
　（3）上場会社は，有価証券報告書を総理大臣に提出しなければならない。
　（4）日本と米国は，IFRSのアドプション国である。
　（5）貸借対照表，損益計算書およびキャッシュ・フロー計算書を3大財務諸表という。

(1)		(2)		(3)		(4)		(5)	

問2　次の各項目により（1）流動資産，（2）有形固定資産，（3）流動負債および（4）固定負債の金額を求めなさい。

　現金　¥500　建物　¥20,000　売掛金　¥1,500　売買目的有価証券　¥750
　支払手形　¥350　受取手形　¥1,000　土地　¥10,000　投資有価証券　¥5,000
　未払法人税　¥850　買掛金　¥450　未払費用　¥250　退職給付引当金　¥850
　1年以内に支払期限の到来する社債　¥250　短期借入金　¥1,000

(1)	¥	(2)	¥	(3)	¥	(4)	¥

問3　次の財務会計（外部報告会計）のプロセスの空欄に適当な用語を記入しなさい。

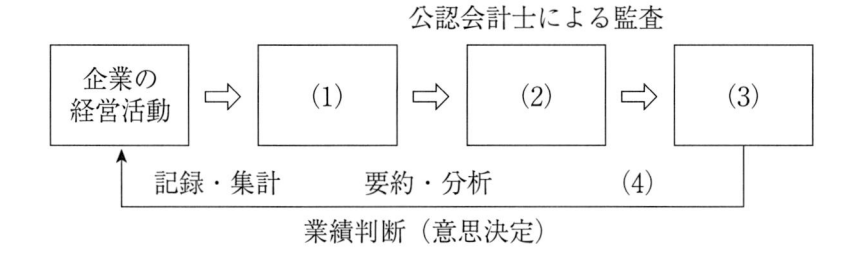

　　　　　　　　　　　　　公認会計士による監査

　企業の経営活動 ⇒ （1） ⇒ （2） ⇒ （3）
　　　　　　　記録・集計　要約・分析　（4）
　　　　　　　　業績判断（意思決定）

(1)		(2)		(3)		(4)	

問4　次の資料より求められる最も適切な自己資本額を下記の解答群から選び○をつけなさい。

　　株主資本利益率　　　　　16％
　　売上高利益率　　　　　　2％
　　総資産回転率　　　　　　2回
　　総資産額　　　　　　　　1,000万円

【解答群】
　ア　160万円　　イ　250万円　　ウ　320万円　　エ　500万円

問5　会社法上の計算書類等にどのようなものがあるか列挙しなさい。

問6　次の□□□に語群より適当な用語を選び，記号で答えなさい。

　資産の評価は，原則として①主義です。①とは，購入代価に②などの付随費用を加算した金額です。さらに，売上債権（売掛金・受取手形）や貸付金は，債権金額から回収できない可能性のある③を控除して求めます。債権金額より高いあるいは低い金額で取得した場合，その差額は④法で処理します。固定資産には，時の経過により価値が減少していく建物などの⑤資産とそうではない土地などの非⑤資産があります。⑤資産は，取得原価から⑤累計額を控除します。のれんや繰延資産は，取得原価から⑥を控除します。

【語群】
a. 引取運賃　b. 償却原価　c. 貸倒見積額　d. 減価償却　f. 取得原価　g. 償却額

| ① | ② | ③ | ④ | ⑤ | ⑥ |

提出課題（2） レッスン9～レッスン13

学籍番号 ＿＿＿＿＿＿＿　氏　名 ＿＿＿＿＿＿＿＿＿＿　評点 ＿＿＿＿

問1 次の（1）～（5）のうち正しいものに○，誤っているものに×をつけなさい。

(1) フリー・キャッシュフローは，営業活動によるキャッシュフローと投資活動によるキャッシュフローの合計である。

(2) 売上債権の増加は，キャッシュフローがマイナスとなる。

(3) 投資は，営業活動によるキャッシュフローの範囲内が望ましい。

(4) 直接費は，販売数量の増加に比例して増加する。

(5) 売上高から変動費を控除したものを限界利益という。

(1)		(2)		(3)		(4)		(5)	

問2 旅行社の格安パック（航空機で行く東京ビジネスプラン1泊2日で32,000円など）でなぜ儲かるのか。考えてみてください。ただし，お盆や年末の帰省客が多いときには，格安パックはありません。

問3 次の各項目から（1）売上総利益，（2）販売費及び一般管理費，（3）営業外収益および（4）特別損失の金額を求めなさい。

期首商品棚卸高　￥1,000　当期商品総仕入高　￥80,000　仕入返品高　￥500

仕入割引　￥100　期末商品棚卸高　￥1,200　減価償却費　￥1,200　支払利息　￥150

従業員給料　￥1,000　支払家賃　￥600　土地売却損　￥800　広告宣伝費　￥450

水道光熱費　￥200　通信費　￥150　火災損失　￥1,000　受取利息　￥150

受取配当金　¥250　売上割引　¥200　除却損　¥50　土地売却益　¥5,000

売上　¥120,000

| (1) | ¥ | (2) | ¥ | (3) | ¥ | (4) | ¥ |

問4 次の（1）〜（4）に答えなさい。

(1) 次の比率のうち，その値が小さいほど望ましいと判定されるものはどれか。
　①当座比率　②売上原価率　③流動比率　④資本回転率　⑤資本利益率

(2) 次の各比率のうち，安全性を判断する比率として正しいのはどれか。
　①　自己資本利益率＝（当期純利益÷自己資本）×100（％）
　②　流動比率＝（流動負債÷流動資産）×100（％）
　③　固定比率＝（固定資産÷自己資本）×100（％）
　④　売上原価率＝（売上原価÷売上高）×100（％）
　⑤　負債比率＝（自己資本÷負債）×100（％）

(3) 次の各比率のうち，その値は200％以上が望ましいとされているのはどれか。
　①流動比率　②当座比率　③固定比率　④売上当期純利益率　⑤自己資本比率

(4) 次の各比率のうち，100％を超えるときは固定資産の取得が他人資本にも依存していることを示し，財務的には堅実とはいえないと判定されるのはどれか。
　①負債比率　②自己資本比率　③固定比率　④売上高経常利益率　⑤ROE

| (1) | | (2) | | (3) | | (4) | |

問5 利益目標500万円，予定固定費1,500万円，変動費率0.6の場合，売上高を求めなさい。また，損益分岐点を改善するにはどのようにしたら良いか述べなさい。

| 売上高 | | 万円 |

改善点

索　引

A－Z

DCF法 ･･････････････････････ 132
EDINET ･･･････････････････････ 6
FASB ･･････････ 22, 148, 150～152, 156
　　　──会計概念・基準 ･･････････ 148
IASB ･･･････････ 20～24, 28, 46, 47
IASC ･･････････････････････････ 21
ICT（情報通信技術） ･･････････････ 4
IFRS ･･･････････ 20～24, 28, 29, 47, 48
IOSCO ･･･････････････････････ 21
IR ･･･････････････････････････ 6

ア

アカウンタビリティ ･･････････････ 2
アドプション ･･････････････････ 22
安全余裕率 ･･･････････････････ 140
一時拘束純資産 ･･････ 150, 151, 153, 156
一時拘束正味財産 ･･････････････ 156
1年基準 ･･････････････････････ 53
一般原則 ･････････････････････ 43
一般債権 ･････････････････････ 62
一般正味財産 ･･････････････････ 156
移動平均法 ･･･････････････････ 67
裏書手形 ･････････････････････ 61
売上経常利益率 ････････････････ 97
売上債権 ･･･････････････ 54, 61, 98
　　　──回転率 ･････････････････ 99
売上総利益 ･････････････････ 92, 95

永久拘束純資産 ･･ 150, 151, 153, 154, 156
永久拘束正味財産 ･･･････････････ 156
営業外収益 ･･････････････････ 92, 95
営業外費用 ･･････････････････ 93, 95
営業活動によるキャッシュ・フロー ････ 106
営業利益 ････････････････ 92, 97, 143
営利会計（企業会計） ･････････････ 12
営利企業 ････････････････････ 2, 148
益金算入 ･････････････････････ 34
益金不算入 ･･･････････････････ 34
エンロン（Enron）事件 ･････ 22, 164, 165
オリンパス事件 ････････････････ 163

カ

会計期間（継続企業）の公準 ･･････････ 43
会計基準 ･････････････････････ 4
会計公準 ･････････････････････ 43
会計責任 ･････････････････････ 2
開始仕訳 ････････････････････ 124
会社計算規則 ･･･････････････ 33, 37
会社法会計 ･･･････････････････ 32
回収基準 ･････････････････････ 94
概念フレームワーク ･･････････････ 47
確定決算主義 ･････････････････ 34
家計 ････････････････････････ 3
貸倒懸念債権 ･････････････････ 63
貸倒引当金 ･･････････････････ 61, 65
貸倒見積額 ･･････････ 61, 62, 64, 72, 54
カネボウ粉飾事件 ･･･････････････ 161

193

株価収益率・・・・・・・・・・・・・・・・・・・・ 99	継続企業・・・・・・・・・・・・・・・・・・・・・・ 11
株価純資産倍率・・・・・・・・・・・・・・・・・・ 99	限界利益・・・・・・・・・・・・・・・・・・・・・ 140
株式払込剰余金・・・・・・・・・・・・・・ 87, 88	減価償却・・・・・・・・・・・・・・ 16, 73, 104
株主・・・・・・・・・・・・・・・・・・・・・・・・・ 2	────資産・・・・・・・・・・・・ 54, 70, 73
株主資本・・・・・・・・・・・・・・・・・・ 83, 84	────費・・・・・・・・・・・・・・・・・・ 160
────等変動計算書・・・・・・・・・・・ 32, 33	────累計額・・・・・・・・・・・・・・ 54, 73
貨幣の時間価値・・・・・・・・・・・・・・・・・・ 5	原価モデル・・・・・・・・・・・・・・・・・ 26, 48
貨幣評価の公準・・・・・・・・・・・・・・・・・ 43	現金・・・・・・・・・・・・・・・・・・・・・・・・・ 4
管理会計・・・・・・・・・・・・・・・・・・・・・ 12	────主義・・・・・・・・・・・・・・・・・・ 93
関連会社・・・・・・・・・・・・・・・・・ 115, 161	────同等物・・・・・・・・・・・・・・・・・ 4
企業会計基準・・・・・・・・・・・・ 38, 46, 48	現在価値・・・・・・・・・・・・ 129, 131〜133
────委員会・・・・・・・・・・・・ 45, 46, 48	原則主義・・・・・・・・・・・・・・・・・・ 25, 26
────適用指針・・・・・・・・・・・・・・・・ 46	減損会計・・・・・・・・・・・・・・・・・・・ 5, 76
企業会計原則・・・・・・・・ 38, 42, 44, 48	減損損失・・・・・・・・・・・・・・・・・・・・ 76
企業会計審議会・・・・・・・・・・・・・・ 42, 46	公益法人会計基準・・・・・・・・・・・・・・・ 156
企業会計の慣行・・・・・・・・・・・・・・・・・ 38	貢献利益・・・・・・・・・・・・・・・・・・・・ 140
企業実体の公準・・・・・・・・・・・・・・・・・ 43	工事進行基準・・・・・・・・・・・・・・・・・・ 94
企業集団・・・・・・・・・・・・・・・・・・・・ 114	公正価値・・・・・・・・・・・・ 25, 26, 48, 131
偽計取引・・・・・・・・・・・・・・・・・ 162, 163	公認会計士・・・・・・・・・・・・・・・・・・・・ 7
規則主義・・・・・・・・・・・・・・・・・・・・・ 25	小切手・・・・・・・・・・・・・・・・・・・・・・・ 4
期末年金の現在価値・・・・・・・・・・・・・・ 133	国際会計検定（BATIC）・・・・・・・・・・・・・ 7
キャッシュ・・・・・・・・・・・・・・・・・・・・・ 4	国際財務報告基準（IFRS）・・・・・・・・・・・ 6
キャッシュ・フロー計算書	国立大学法人会計基準・・・・・・・・・・・・・ 15
・・・・・・・・・・・・・ 13, 32, 104, 106	固定資産・・・・・・・・・・・・ 53, 70, 72, 153
キャッシュ・フロー見積法・・・・・・・・・・ 63	固定性・・・・・・・・・・・・・・・・・・・・・・ 53
強制適用（アドプション）・・・・・・・・・・・ 6	固定長期適合率・・・・・・・・・・・・・・・・・ 56
銀行勘定調整表・・・・・・・・・・・・・・・・・ 61	固定費・・・・・・・・・・・・・・ 140, 142, 143
金商法会計・・・・・・・・・・・・・・・・・・・ 32	固定比率・・・・・・・・・・・・・・・・・・・・・ 56
金融資産・・・・・・・・・・・・・・・・・・ 60, 70	固定負債・・・・・・・・・・・・・・・・・・ 53, 82
金融負債・・・・・・・・・・・・・・・・・・・・・ 82	個別財務諸表・・・・・・・・・・・ 115, 116, 124
繰延資産・・・・・・・・・・・・・・・・・・・・・ 72	個別注記表・・・・・・・・・・・・・・・・・・・ 33
繰延ヘッジ損益・・・・・・・・・・・・・・・・・ 84	個別法・・・・・・・・・・・・・・・・・・・・・・ 66
計算書類・・・・・・・・・・・・・・・・・・・・・ 33	コメンダ・・・・・・・・・・・・・・・・・・・・・ 10
経常利益・・・・・・・・・・・・・・・・・・ 92, 95	コンバージェンス・・・・・・・・ 6, 22, 23, 47

サ

債権者・・・・・・・・・・・・・・・・・・・・・・・・・・・ 2
最終仕入単価・・・・・・・・・・・・・・・・・・・・ 66
再評価モデル・・・・・・・・・・・・・・・・ 26, 48
財務会計・・・・・・・・・・・・・・・・・・・・・ 12, 13
財務活動によるキャッシュ・フロー・・・ 106
財務諸表・・・・・・・・・・・・・・・・・・・・・・・・・・ 4
財務的生存力・・・・・・・・・・・・・・ 148, 151
先入先出法・・・・・・・・・・・・・・・・・・・・・・ 66
サブプライム・ローン問題・・・・・・・・・・・・ 1
サーベインス・オクスレー法・・・・・・・・ 166
事業活動計算書・・・・・・・・・・・・・・・・・ 154
事業資産・・・・・・・・・・・・・・・・・・・・・・・・ 70
事業報告書・・・・・・・・・・・・・・・・・・・・・・ 33
自己株式・・・・・・・・・・・・・・・・・・・・・・・・ 84
　　──処分差益・・・・・・・・・・・・・・・・・・ 84
　　──処分差損・・・・・・・・・・・・・・・・・・ 84
自己資本比率・・・・・・・・・・・・・・・・・・・・ 55
自己資本利益率・・・・・・・・・・・・・・ 99, 109
資産・・・・・・・・・・・・・・・・・・・・・・・・・・・・ 52
　　──除去会計基準・・・・・・・・・・・・・・ 86
　　──除去債務・・・・・・・・・・・・・・・・・・・ 5
　　──負債アプローチ・・・・・・・・・・・・・ 27
実現主義・・・・・・・・・・・・・ 43, 44, 93, 94
　　──の原則・・・・・・・・・・・・・・・・・・・・ 94
実地棚卸・・・・・・・・・・・・・・・・・・・・・・・・ 67
実務対応報告・・・・・・・・・・・・・・・・・・・・ 46
指定正味財産・・・・・・・・・・・・・・・・・・・ 156
支配獲得日・・・・・・・・・・・・・・・・・・・・・ 119
支配力基準・・・・・・・・・・・・・・・・・・・・・ 114
資本金・・・・・・・・・・・・・・・・・・・・・・ 84, 88
資本準備金・・・・・・・・・・・・・・・・・・ 84, 88
資本剰余金・・・・・・・・・・・・・・・・・・・・・・ 84

資本連結・・・・・・・・・・・・・・・・・・・・・・・ 118
社債・・・・・・・・・・・・・・・・・・・・・・・・・・・ 87
収益・・・・・・・・・・・・・・・・・・・・・・・・・・・・ 4
　　──費用アプローチ・・・・・・・・・ 27, 28
収穫基準・・・・・・・・・・・・・・・・・・・・・・・・ 94
取得原価主義・・・・・・・・・・・・・・・・ 44, 54
純資産・・・・・・・・・・・・・・・・・・ 52, 83, 150
償却原価法・・・・・・・・・・・・・・・ 65, 77, 86
少数株主損益・・・・・・・・・・・・・・・・・・・ 125
少数株主持分・・・・・・・・・・・・ 116, 117, 125
商品回転率・・・・・・・・・・・・・・・・・・・・・・ 98
正味売却価額・・・・・・・・・・・・・・・・・・・・ 66
剰余金の配当・・・・・・・・・・・・・・・・・・・・ 88
賞与引当金・・・・・・・・・・・・・・・・・・・・・・ 85
　　──繰入額・・・・・・・・・・・・・・・・・・・・ 85
将来価値・・・・・・・・・・・・・・・・・・・・・・・ 128
将来キャッシュ・フローの割引計算・・・・・ 5
将来予測・・・・・・・・・・・・・・・・・・・・・・・・ 5
所有と経営の分離・・・・・・・・・・・・・・・・ 12
新株引受権・・・・・・・・・・・・・・・・・・・・・・ 83
新株予約権・・・・・・・・・・・・・・・・・・・・・・ 85
生産高比例法・・・・・・・・・・・・・・・・・・・・ 73
正常営業循環基準・・・・・・・・・・・・・・・・ 53
正ののれん・・・・・・・・・・・・・・・・・・・・・・ 77
税引前当期純利益・・・・・・・・・・・・・・・・ 92
税理士・・・・・・・・・・・・・・・・・・・・・・・・・・ 7
総額主義の原則・・・・・・・・・・・・・・・・・・ 95
相殺消去・・・・・・・・・・・・・・・・・・・・・・・ 123
総資産利益率・・・・・・・・・・・・・・・・・・・・ 99
総資本回転率・・・・・・・・・・・・・・・・・・・・ 97
総資本経常利益率・・・・・・・・・・・・・・・・ 97
その他資本剰余金・・・・・・・・・・・・・・・・ 84
その他有価証券差額金・・・・・・・・・・・・ 84
その他利益剰余金・・・・・・・・・・・・・・・・ 84

損益計算書･････････････････ 13，27，	投資活動によるキャッシュ・フロー････ 106
32 〜 34，92，98，104，106	投資その他の資産･･･････････ 70，72
損益分岐点･･････････････ 138 〜 140	同等性評価･･･････････････････ 28
───比率･･････････････････ 143	特別利益･････････････････････ 93
損金算入･･････････････････････ 34	土地評価差額金････････････････ 84
損金不算入････････････････････ 34	特許権･･･････････････････････ 71

タ

ナ

対応表示の原則････････････････ 95	日商簿記検定･････････････････ 4，7
貸借対照表･･････････ 13，27，32 〜 34，	日本版 IFRS･･････････････ 24，25
52，98，104，106，152，161	年金の現在価値･･･････････････ 130
───重視･･････････ 25，27，28	年金の将来価値･･･････････････ 130
退職給付会計･･････････････････ 5	ノーウォーク合意･･････････････ 22
───基準････････････････ 86	のれん･･････ 54，71，77，117，124，125
退職給付債務･･･････････ 86，132，133	───償却････････････････ 125
退職給付引当金････････････････ 86	

ハ

棚卸資産･･･････････････ 55，61，66	破産更生債権･････････････････ 62
単純合算････････････････････ 122	発生主義･････････････ 43，44，93，94
弾力性配列法････････････････ 153	───の原則･･････････････ 93
中小会計指針･････････････ 35，37，38	バブル経済････････････････････ 1
中小会計要領･･ 35，37 〜 39，63，85 〜 87	販売基準･････････････････････ 94
通貨･････････････････････････ 4	販売費及び一般管理費･･･････ 92，94 〜 96
───代用証券･････････････ 4	半発生主義･･･････････････････ 93
低価基準･･･････････････････ 54，66	非営利会計･･･････････････････ 12
定額法････････････････ 16，73，74，160	非営利企業････････････････････ 2
定着企業･････････････････････ 10	非営利組織･･ 2，148，149，151，152，156
定率法････････････････ 16，73，74，160	非貨幣性資産･････････････････ 60，70
当期純利益･････････････ 92，95，97	引当金･･･････････････････････ 83
東京合意････････････････････ 23	非減価償却資産･･･････････････ 54，70
当座企業･････････････････････ 10	非拘束純資産････････････ 150 〜 154，156
当座資産･････････････････ 55，60	費用･････････････････････････ 5
当座比････････････････････････ 55	評価・換算差額等････････････ 83，84
投資意思決定･･････････････････ 5	評価性引当金･････････････････ 83
投資家････････････････････････ 3	

費用収益対応の原則	43, 44, 94
費用性資産	60, 70
費用配分の原則	43, 72
風説の流布	162, 163
負債	52
────性引当金	83
附属明細書	33
附属明細表	32
負ののれん	77, 117
フリーキャッシュ・フロー	108
粉飾	160, 163
────決算	1, 162
平均原価法	66
変動費	139, 140, 142, 143
包括利益計算書	28
法人税法会計	32

マ

三田工業事件	160
無形固定資産	70, 71
持株基準	114
持分法適用会社	115

ヤ

役員賞与会計基準	86
有価証券報告書	6, 161
有形固定資産	70
有限責任	36

ラ

ライブドア	163

────事件	162
利益	4
────準備金	84, 88
────剰余金	84
────操作	2
利害関係者	5
リース会計	5
リーマンショック	1
流動資産	53, 55, 60, 72, 153
流動性配列法	53, 153
流動比率	55
流動負債	53, 55, 82
ルカ・パチョーリ	10
連結株主資本等変動計算書	32, 118
連結キャッシュ・フロー計算書	32, 118
連結計算書類等	33
連結財務諸表	114〜116, 122, 124
連結修正消去	124
連結消去仕訳	116
連結精算表	116, 124
連結損益計算書	32, 114, 118, 122
連結貸借対照表	32, 114, 117〜120
連結附属明細表	32, 118

ワ

割引手形	61

≪著者紹介≫

山下壽文（やました・としふみ）担当：レッスン1～10, 12, 13, 15

熊本学園大学専門職大学院特任教授・佐賀大学名誉教授。

主たる業績

『偶発事象会計論』（単著）白桃書房，2002年。

『会計入門ゼミナール［第2版］』（共著）創成社，2007年。

『企業会計の基礎』（共著）中央経済社，2009年。

『新簿記入門ゼミナール』（共著）創成社，2009年。

『要説新中小企業会計基本要領』（単著）同友館，2013年。

『会計学のススメ』（単著）創成社，2014年。

その他

日野修造（ひの・しゅうぞう）担当：レッスン11, 14

中村学園大学流通科学部教授。

主たる業績

『企業会計の伝達と応用』（共著）五絃舎，2007年。

『企業会計の基礎』（共著）中央経済社，2009年。

『新簿記入門ゼミナール』（共著）創成社，2009年。

『簿記会計入門』（編著）五絃舎，2013年。

『非営利組織体財務報告論－財務的生存力情報の開示と資金調達』（単著）中央経済社，2016年。

その他

髙木正史（たかき・まさし）担当：プレレッスン

別府大学国際経営学部准教授。

主たる業績

『会計入門ゼミナール［第2版］』（編著者のもとでの共著）創成社，2007年。

『国際会計基準制度化論［第2版］』（編著者のもとでの分担執筆）白桃書房，2008年。

『企業会計の基礎』（共著）中央経済社，2009年。

「会計関連EU法とドイツ会計戦略」『国際会計研究学会 年報―2007年度―』（123-136頁）（国際会計研究学会，2008年）（平成20年度国際会計研究学会学会賞受賞）。

その他

(検印省略)

2014年5月10日 初版発行
2018年4月10日 三刷発行   略称―ビギナー

ビギナーのための会計学

著　者	山下　壽文
	日野　修造
	髙木　正史
発行者	塚田　尚寛

発行所　東京都文京区　株式会社　創　成　社
　　　　春日2-13-1
　　　　電　話　03 (3868) 3867　　ＦＡＸ　03 (5802) 6802
　　　　出版部　03 (3868) 3857　　ＦＡＸ　03 (5802) 6801
　　　　http://www.books-sosei.com　振　替　00150-9-191261

定価はカバーに表示してあります。

©2014 Toshifumi Yamashita　　組版：トミ・アート　印刷：エーヴィスシステムズ
ISBN978-4-7944-1479-3 C3034　製本：宮製本所
Printed in Japan　　　　　　　落丁・乱丁本はお取り替えいたします。

――――― 簿記・会計学選書 ―――――

ビギナーのための会計学	山下壽文・日野修造 髙木正史	著	2,000 円
新簿記入門ゼミナール	山下壽文・日野修造 井上善文	著	1,900 円
会計入門ゼミナール	山 下 寿 文	編著	2,900 円
テキスト複式簿記入門	安 國 一	編著	2,700 円
原 価 計 算 入 門	安 國 一	著	2,800 円
［新版］例解演習基本簿記	山本孝夫・前川邦生	編	3,100 円
簿記問題集［全経2・3級＋日商3級］	山本孝夫・前川邦生	編	1,900 円
会 計 リ テ ラ シ ー	山本孝夫・前川邦生	編著	1,500 円
演 習 工 業 簿 記	前 川 邦 生	監修	1,800 円
ズバッと解決！日商簿記検定3級商業簿記テキスト ―これで理解ばっちり―	田邊 正・矢島 正	著	1,500 円
厳選　簿記3級問題集＜徹底分析＞	く ま た か 優	著	1,200 円
企 業 簿 記 論	森 ・長吉・浅野 石川・蒋 ・関	著	2,600 円
簿 記 教 本	寺坪 修・井手健二 小山 登	著	1,800 円
入 門 商 業 簿 記	片 山 覚	監修	2,400 円
中 級 商 業 簿 記	片 山 覚	監修	2,200 円
入 門 簿 記	倉茂・市村・臼田 布川・狩野	著	2,200 円
監 査 入 門 ゼ ミ ナ ー ル	長吉眞一・異島須賀子	著	2,200 円
管理会計入門ゼミナール	高 梠 真 一	編著	2,000 円
アメリカ管理会計生成史 ―投資利益率に基づく経営管理の展開―	高 梠 真 一	著	3,500 円
監 査 報 告 書 の 読 み 方	蟹 江 章	著	1,800 円
明 解 簿 記 講 義	塩 原 一 郎	編著	2,400 円
明 解 会 計 学 講 義	塩 原 一 郎	編著	1,900 円
企業会計の歴史的諸相 ―近代会計の萌芽から現代会計へ―	村田直樹・春日部光紀	編著	2,300 円
簿 記 の 基 礎 問 題 集	村 田 直 樹	編著	1,700 円
入 門 ア カ ウ ン テ ィ ン グ	鎌 田 信 夫	編著	3,200 円
簿 記 シ ス テ ム 基 礎 論	倍 和 博	著	2,900 円

（本体価格）

――――― 創 成 社 ―――――